CB022246

O Livro de Ouro dos

Orixás

Ademir Barbosa Júnior

O Livro de Ouro dos

Orixás

ANUBIS

2ª edição | fevereiro de 2021 | 1.500 exemplares

Todos os direitos reservados à EDITORA ANÚBIS.
Distribuição exclusiva
Aquaroli Books
Rua Curupá, 801 | Vila Formosa
São Paulo | SP | 3355-010 | Brasil
Tel.: (11) 2673-3599

EDITORES RESPONSÁVEIS: Marcelo Aquaroli e Milena Lago
REVISÃO: Equipe Técnica Anúbis
PROJETO GRÁFICO E CAPA: Edinei Gonçalves
APOIO CULTURAL: Rádio Sensorial FM web
www.sensorialfm.com.br

Dados Internacionais de Catalogação na Publicação (CIP)
(Câmara Brasileira do Livro, SP, Brasil)

Barbosa Júnior, Ademir
Livro de ouro dos orixás / Ademir Barbosa Júnior. -- 1. ed.
-- São Paulo : Anúbis, 2017.

Bibliografia.
ISBN 978-85-67855-53-0

1. Orixás 2. Umbanda (Culto) I. Título.

17-07239

CDD-299.6

Índices para catálogo sistemático:
1. Orixás : Umbanda : Religiões de origem africana   299.6

São Paulo/SP – República Federativa do Brasil
Printed in Brazil – Impresso no Brasil

Este livro segue as novas regras do Acordo Ortográfico da Língua Portuguesa.

Para Iansã Matamba, que reina e dança sobre a cabeça e a vida de Mãe Karol de Iansã.

Para Karol (Mãe Karol de Iansã), meu amor, na vivência cotidiana dos Orixás.

Para Pai Lelo Moretti, meu padrinho de levantamento como Pai Pequeno e celebrante de meu casamento com Karol na Umbanda.

Para Pai Sérgio Ayroso e Vó Neuza, meus padrinhos de levantamento como Pai na Umbanda.

Abraço, gratidão e Axé!

Sumário

Introdução

(Algumas considerações são pessoais do autor, sempre em consonância e em respeito à diversidade de conceitos na Umbanda, presente em todos os seus livros, inclusive neste)

A Umbanda cultua e trabalha com Orixás. Não são "caboclos ou falangeiros" de Orixás, mas os próprios, que se manifestam de vários modos, inclusive mediunicamente por meio da incorporação. Nunca encarnaram e pertencem a um grau de adaptação aos encarnados e aos indivíduos em que incorporam, evidentemente tendo ainda de baixar seu alto padrão vibratório para tal. Ora, quando alguém migra do Candomblé para a Umbanda ou vice-versa, por exemplo, o Orixá que o assiste e/ou incorpora muda? Não e por várias razões. Uma delas é porque o Orixá de Umbanda também é doutrinado, assentado etc., de modo que os elementos materiais facilitem e sustentem energeticamente a ação espiritual.

A ação dos Orixás é universal. São forças da natureza e, ao mesmo tempo e em muitos graus e níveis, espíritos individualizados de alto grau e que nunca encarnaram. Vários povos os cultuam de maneiras diversas, com outros nomes, mas a semelhança, sem dúvida, salta aos olhos. O desenvolvimento e a doutrinação dos

Orixás que trabalham em terra é que os fazem falar ou não; falar em português ou em iorubá ou outra língua africana; mover-se de tal ou qual forma; beber e fumar ou não.

Há regências específicas de Orixás, como as anuais, contudo, ao contrário do que muitos sustentam, não incidem apenas sobre iniciados em cultos de Nação. Ora, se a ação dos Orixás é universal, assim como toda maneira e/ou egrégora, tal qual o Zodíaco ou o Horóscopo Chinês, como a Espiritualidade poderia privilegiar um filho ou um poço em detrimento de outros? Vale lembrar que a ação dos Orixás é universal, não uma pequena chuva a cair apenas sobre a cabeça de quem está sem guarda-chuva e, mesmo que incidisse apenas sobre quem os reconhece e cultua desta ou daquela maneira, isso não caberia, então, apenas aos Cultos de Nação, mas também a outras religiões, como a própria Umbanda.

Em algumas das religiões mais tradicionais, notadamente as cristãs, a questão de gênero é bastante desfavorável para mulheres, homo e transexuais. A queda da humanidade se dá por iniciativa do feminino (Eva) enquanto o resgate ocorre por uma mulher que a tradição dessexualizou (Maria). Lilith, a primeira esposa de Adão, a que escolhia "ficar por cima" no ato sexual não aparece nos cânones. Bruxas (mulheres sábias) foram queimadas. Oficialmente Deus é masculino.

Embora parte do Cristianismo não aceite esses princípios (o Papa João Paulo I afirmou que Deus, mais do que Pai, é Mãe; a Igreja Anglicana, de forma mais acolhedora, abençoa casais homoafetivos; o Papa Francisco tem avançado no diálogo com homossexuais e aberto a possibilidade de ordenar mulheres), é comum ouvir entre seminaristas católicos romanos que algo mal feito "é coisa de freira".

A Umbanda seria diferente? Enquanto os Cultos de Nação, em sua origem, eram verdadeiros matriarcados, nos quais apenas as mulheres incorporavam Orixás (o que não deixava de ser uma forma de afirmação do feminino, mas também de exclusão), célebre autor umbandista afirmou que não existe dirigente espiritual legítima do sexo feminino. Por outro lado, na Umbanda, tem sido cada vez mais forte a presença de Ogãs (sim, Ogãs, e não "atabaqueiras") do sexo feminino. Tanto na Umbanda quanto nos Cultos de Nação é forte a presença de irmãos homo, bi, trans etc.

Contudo, ainda existem certos tabus na Umbanda, nos quais geralmente o machismo e o patriarcalismo passam despercebidos. Ou nem tanto. Enquanto, por exemplo, Ogum fuma e bebe, o mesmo é visto como algo estranho se for feito por Iansã. Por quê? Pela mesma lógica em que se aceita o corte nos abatedouros e nos açougues, e não nas casas de Culto de Nação e nos templos umbandistas onde o corte é fundamento. Ou seja, lógica nenhuma. Se o fumo e a bebida são fundamentos de uma Iabá, como o são para um Aborô, procure-se compreender o porquê da utilização dos mesmos.

Eu me orgulho de ter sido levantado Pai Pequeno por uma Iansã Matamba que fuma e bebe. E também me orgulho de, como Pai Pequeno, ter podido levantar sua filha, em seus cinco anos como dirigente espiritual. A mesma Iansã Matamba me levantará Pai Maior em agosto de 2016. Sua filha é minha esposa, outro tabu na Umbanda (como diz Mãe Karol, se somos todos irmãos, então vivemos todos em incesto espiritual ao consagrar alguém, abençoar, oferecer sacramentos?). Aliás, a Umbanda, uma religião que tem fundamento, como se canta em vários de seus pontos, tem apresentado nos últimos anos uma velha novidade: o dogma. É o dogma que não permite o levantamento acima citado, é o dogma que afirma que alguém só pode ser dirigente espiritual se incorporar, é o dogma que, por outro lado, desconsidera o apontamento espiritual para a dirigência e sugere que todos devem abrir templos, mesmo sem o resguardo da espiritualidade, é o dogma que diz que Iansã não pode beber e fumar.

Pelo fato de a Iansã Matamba que rege nossa casa beber e fumar (note-se: não é a única, inclusive em Santa Catarina), chegamos a ser apontados como marmoteiros e até expulsos de uma federação de Umbanda e Candomblé (estranho não terem se importado com a casa de Balneário Camboriú). Tenho orgulho disso ("disso": dos fundamentos da casa e também da expulsão de uma instituição que prima por politicagem e não pela espiritualidade e pelo direito do Povo de Axé). Irmãos que já comeram e beberam (e muito!) em nossa casa fala mal de Mãe Iansã. Mas eu não vi até hoje algum desses irmãos boquirrotos, macho ou fêmea, que tivessem a coragem e a ousadia de perguntar à própria Iansã, à sua médium, a este Pai ou a qualquer filho da casa o porquê do fumo e da bebida como fundamentos dessa Iabá. Sabem por quê? Porque o machista e patriarcal teme mulher de cabeça erguida, ainda mais de espada na mão, como é Oxum Apará, como é Kayala e, sobretudo, como é Iansã.

E que bons ventos cheguem às cabeças ocas!

Axé!

Orixá é Amor Verdadeiro, e Amor Verdadeiro nunca faz mal.
Orixás, Guias e Guardiões caminham conosco na
expectativa de que nós também caminhemos com eles.

Ademir Barbosa Júnior
(Pai Dermes de Xangô)

Orixás na Umbanda

Etimologicamente e em tradução livre, Orixá significa "a divindade que habita a cabeça" (em iorubá, "ori" é cabeça, enquanto "xá", rei, divindade), associado comumente ao diversificado panteão africano, trazido à América pelos negros escravos. A Umbanda Esotérica, por sua vez, reconhece no vocábulo Orixá a corruptela de "Purushá", significando "Luz do Senhor" ou "Mensageiro do Senhor".

Cada Orixá relaciona-se a pontos específicos da natureza, os quais são também pontos de força de sua atuação. O mesmo vale para os chamados quatro elementos: fogo, terra, ar e fogo. Portanto, os Orixás são agentes divinos, verdadeiros ministros da Divindade Suprema (Deus, Princípio Primeiro, Causa Primeira etc.), presentes nas mais diversas culturas e tradições espirituais/religiosas, com nomes e cultos diversos, como os Devas indianos. Visto que o ser humano e seu corpo estão em estreita relação com o ambiente (o corpo humano em funcionamento contém em si água, ar, componentes associados à terra, além de calor, relacionado ao fogo), seu Orixá pessoal tratará de cuidar para que essa relação seja a mais equilibrada possível. Tal Orixá, Pai ou Mãe de Cabeça, é conhecido comumente como Eledá e será responsável pelas características físicas, emocionais, espirituais etc. de seu filho, de modo a espelhar nele os arquétipos de suas características, encontrados nos mais diversos mitos e lendas dos Orixás. Auxiliarão o Eledá nessa tarefa outros Orixás, conhecidos como Juntós, ou Adjuntós, conforme a ordem de influência, e ainda outros.

Na chamada coroa de um médium de Umbanda ainda aparecem os Guias e as Entidades, em trama e enredo bastante diversificados (embora, por exemplo, geralmente se apresente para cada médium um Preto-Velho, há outros que o auxiliam, e esse mesmo Preto-Velho poderá, por razões diversas, dentre elas missão cumprida, deixar seu médium e partir para outras missões, inclusive em outros planos). De modo geral, a Umbanda não considera os Orixás que descem ao terreiro energias e/ou forças supremas desprovidas de inteligência e individualidade. Para os africanos (e tal conceito reverbera fortemente no Candomblé), Orixás são ancestrais divinizados, que incorporam conforme a ancestralidade, as afinidades e a coroa de cada médium. No Brasil, teriam sido confundidos com os chamados Imolês, isto é, Divindades Criadoras, acima das quais aparece um único Deus: Olorum ou Zâmbi. Na linguagem e na concepção umbandistas, portanto, quem incorpora numa gira de Umbanda, segundo alguns segmentos não são os Orixás propriamente ditos, mas seus falangeiros, em nome dos próprios Orixás, ou, conforme outros segmentos, Orixás sim, contudo com um nível hierárquico mais abaixo. A primeira concepção está de acordo com o conceito de ancestral (espírito) divinizado (e/ou evoluído) vivenciado pelos africanos que para cá foram trazidos como escravos. Mesmo que essa visão não seja consensual (há quem defenda que tais Orixás já encarnaram, enquanto outros segmentos umbandistas – a maioria, diga-se de passagem – rejeitam esse conceito), ao menos se admite no meio Umbandista que o Orixá que incorpora possui um grau adequado de adaptação à energia dos encarnados, o que seria incompatível para os Orixás hierarquicamente superiores. Na pesquisa feita por Miriam de Oxalá a respeito da ancestralidade e da divinização de ancestrais, aparece, dentre outras fontes, a célebre pesquisadora Olga Guidolle Cacciatore, para quem, *os Orixás são intermediários entre Olórun, ou melhor, entre seu representante (e filho) Oxalá e os homens. Muitos deles são antigos reis, rainhas ou heróis divinizados, os quais representam as vibrações das forças elementares da Natureza – raios, trovões, ventos, tempestades, água, fenômenos naturais como o arco-íris, atividades econômicas primordiais do homem primitivo – caça, agricultura – ou minerais, como o ferro que tanto serviu a essas atividades de sobrevivência, assim como às de extermínio na guerra.*

Entretanto, e como o tema está sempre aberto ao diálogo, à pesquisa, ao registro de impressões, conforme observa o médium umbandista e escritor Norberto Peixoto, é possível incorporar a forma-pensamento de um Orixá, a qual é plasmada e mantida pelas mentes dos encarnados. Em suas palavras, *era dia de sessão de preto (a) velho (a). Estávamos na abertura dos trabalhos, na hora da defumação. O congá 'repentinamente' ficou vibrado com o orixá Nanã, que é considerado a mãe maior dos orixás e o seu axé (força) é um dos sustentadores da egrégora da Casa desde a sua fundação, formando par com Oxóssi. Faltavam poucos dias para o amaci (ritual de lavagem da cabeça com ervas maceradas), que tem por finalidade fortalecer a ligação dos médiuns com os orixás regentes e guias espirituais. Pedi um ponto cantado de Nanã Buruquê, antes dos cânticos habituais. Fiquei envolvido com uma energia lenta, mas firme. Fui transportado mentalmente para a beira de um lago lindíssimo e o orixá Nanã me 'ocupou', como se entrasse em meu corpo astral ou se interpenetrasse com ele, havendo uma incorporação total. (...) Vou explicar com sinceridade e sem nenhuma comparação, como tanto vemos por aí, como se a manifestação de um ou outro (dos espíritos na umbanda versus dos orixás em outros cultos) fosse mais ou menos superior, conforme o pertencimento de quem os compara a uma ou outra religião. A 'entidade' parecia um 'robô', um autômato sem pensamento contínuo, levado pelo som e pelos gestos. Sem dúvida, houve uma intensa movimentação de energia benfeitora, mas durante a manifestação do orixá minha cabeça ficou mentalmente vazia, como se nenhuma outra mente ocupasse o corpo energético do orixá que dançava, o que acabei sabendo depois tratar-se de uma forma-pensamento plasmada e mantida 'viva' pelas mentes dos encarnados.*

No cotidiano dos terreiros, por vezes o vocábulo Orixá é utilizado também para Guias. Nessas casas, por exemplo, é comum ouvir alguém dizer antes de uma gira de Pretos-Velhos: "Precisamos preparar mais banquinhos, pois hoje temos muitos médiuns e, portanto, aumentará o número de Orixás em terra."

São diversas as classificações referentes aos Orixás na Umbanda. A título de exemplo, observe-se a tabela abaixo:

1. Orixás Virginais	Responsáveis pelo reino virginal.
2. Orixás Causais	Aferem carma causal
3. Orixás Refletores	Responsáveis pela coordenação da energia (massa).
4. Orixás Originais	Recebem dos três graus anteriores as vibrações universais.
5. Orixás Supervisores	Supervisionam as leis universais.
6. Orixás Intermediários	Senhores dos tribunais solares do Universo Astral.
7. Orixás Ancestrais	Senhores da hierarquia planetária.

Há também diversas classificações sobre os graus de funções dos Orixás, como a que segue abaixo:

Categoria	Grau	Denominação
Orixá Maior	-	-
Orixá Menor	1º.	Chefe de Legião
Orixá Menor	2º.	Chefe de Falange
Orixá Menor	3º.	Chefe de Subfalange
Guia	4º.	Chefe de Grupamento
Protetor	5º.	Chefe Integrante de Grupamento
Protetor	6º.	Subchefe de Grupamento
Protetor	7º.	Integrante de Grupamento

Os Orixás conhecidos na Umbanda são os Ancestrais, subordinados a Jesus Cristo, governador do Planeta Terra. Os mais comuns na Umbanda são Oxalá, Obaluaê, Ogum, Oxóssi, Xangô, Iansã, Iemanjá, Nanã, Oxum. Oxalá praticamente não incorpora na Umbanda, exceções feitas a determinados segmentos, porque se considera que todos são filhos de Oxalá e que os médiuns não têm o padrão vibratório adequado para incorporar esse Orixá. Muitos segmentos umbandistas apontam como principal a chamada Tríade do Coronário dos médiuns, isto é, Eledá (Pai ou Mãe de Cabeça) e Adjuntós. Outros preferem trabalhar um conceito quaternário: Pai e Mãe de Cabeça, Padrinho e Madrinha. Aborô é Orixá de energia masculina, enquanto Iabá, de energia feminina. Metá-metá ou metametá é o Orixá de natureza dupla, que carrega a energia masculina e feminina, certamente também pela semelhança com o vocábulo português "metade". Contudo, em iorubá, "méta-méta" significa "três ao mesmo tempo". No caso, Logun-Edé, por exemplo, seria metá-metá porque traz em si a sua natureza, a do pai (Oxóssi) e a da mãe (Oxum).

Alguns dos Orixás apresentados neste livro não são cultuados diretamente na Umbanda ou isso acontece muito pouco.

Orixás pessoais compõem a banda visível e/ou invisível de um médium. Orixás (bem como Guias e Guardiões, na terminologia cotidiana dos terreiros) individualizados, que trabalharão com determinado médium, em fundamento e/ou manifestação explícita, em especial na incorporação, por meio da intuição e outros tantos meios.

Após a apresentação de cada Orixá, especialmente os que são cultuados na Umbanda de modo geral, seguem algumas informações básicas, conforme a lista abaixo, que permitem a identificação e o reconhecimento do Orixá. Evidentemente, tais informações variam da Umbanda para o Candomblé, de região para região, de templo para templo.

Animais: associados aos Orixás.

Bebidas: as mais comuns na Umbanda.

Chacras: centros de energia regidos pelo Orixá.

Cor: a mais característica na Umbanda (entre parênteses, as cores mais comuns no Candomblé).

Comemoração: data mais comum para a festa do Orixá.

Comidas: as mais comuns na Umbanda (lembrando-se de que, mesmo quando a Umbanda se utiliza de carne, não realiza sacrifícios). As comidas são oferecidas como presentes, agradecimentos, reforço do Axé. Além disso, a Espiritualidade manipula tais elementos para o bem, a defesa, a proteção, o fortalecimento dos indivíduos e da comunidade.

Contas: cores mais características das guias na Umbanda (entre parênteses, as cores mais comuns no Candomblé)

Corpo humano e saúde: partes do corpo regidas pelo Orixá ou mais suscetíveis a doenças (somatização de desequilíbrios).

Elemento: o mais característico dentre fogo, água, terra e ar.

Elementos incompatíveis: as chamadas quizilas (Angola), os euós (iorubá) ou contra-axé são energias que destoam das energias dos Orixás, seja no tocante à alimentação, hábitos, cores etc. No caso da Umbanda, as restrições alimentares, de bebidas, cores etc. ocorrem nos dias de gira, em períodos e situações específicas. Fora isso, tudo pode ser consumido, sempre de modo equilibrado. Contudo, como no Candomblé, há elementos incompatíveis em fundamentos, cores, banhos etc. Nas listagens deste livro, pela tradição, talvez a identificação maior acabe por ser com o Candomblé.

Ervas: as mais utilizadas (os nomes variam conforme as regiões).

Essências: associadas ao Orixá.

Flores: associadas ao Orixá.

Metal: associado ao Orixá (às vezes, mais de um metal).

Mitologia dos Orixás: relatos ancestrais de extrema sabedoria espiritual e arquetípica.

Pedras: associadas ao Orixá.

Planeta: astro relacionado ao Orixá (neste item, nem todo astro, segundo a Astronomia, é planeta, contudo essa é a terminologia mais comum nos estudos espiritualistas, esotéricos etc.).

Pontos cantados e/ou MPB (Música Popular Brasileira) dos Orixás: pontos cantados, como se verá adiante, são fundamentos de Umbanda. Muitos deles passaram para a MPB ou vice-versa, enquanto canções próprias da MPB tratam dos Orixás.

Pontos da natureza: pontos de força regidos pelo Orixá.

Saudação: fórmula de invocação e cumprimento ao Orixá.

Símbolos: verdadeiros ícones que remetem ao Orixá e/ou a suas características.

Sincretismo: conforme os Orixás e algumas de suas diversas qualidades do Orixá.

Qualidades são tipos de determinado Orixá. São diversas qualidades, com variações (fundamentos, nações, casas etc.). Há, inclusive, variação muito grande do Candomblé para a Umbanda e na maneira de se trabalhar as qualidades, inclusive na forma de nomeá-las.

Enquanto, por exemplo, Iansã Topé caminha com Exu, Iansã Igbale caminha com Obaluaê. Xangô Airá, por sua vez, caminha com Oxalá.

Em virtude da diversidade das manifestações das qualidades dos Orixás, e mesmo de suas adaptações de casa para casa ou do Candomblé para a Umbanda, por exemplo, em caso de mudança de religião, não as listaremos neste livro.

A respeito dos pontos cantados, da MPB dos Orixás e de sua mitologia, cabem algumas considerações.

Na Umbanda, os pontos cantados são alguns dos responsáveis pela manutenção da vibração das giras e de outros trabalhos. Verdadeiros mantras, mobilizam forças da natureza, atraem determinadas vibrações, Orixás, Guias e Entidades.

Com diversas finalidades, o ponto cantado impregna o ambiente de determinadas energias enquanto o libera de outras finalidades, representam imagens e traduzem sentimentos ligados a cada vibração, variando de Orixá para Orixá, Linha para Linha, circunstância para circunstância etc. Aliados ao toque e às palmas, o ponto cantado é um fundamento bastante importante na Umbanda e em seus rituais.

Em linhas gerais, dividem-se em pontos de raiz (trazido pela Espiritualidade) e terrenos (elaborados por encarnados e apresentados à Espiritualidade, que os ratifica).

MPB

Há pontos cantados que migraram para a Música Popular Brasileira (MPB) e canções de MPB que são utilizadas como pontos cantados em muitos templos.

Mitologia dos Orixás

Uma das características da Espiritualidade do Terceiro Milênio é a (re)leitura e a compreensão do simbólico. Muitos devem se perguntar como os Orixás podem ser tão violentos, irresponsáveis e mesquinhos, como nas histórias aqui apresentadas. Com todo respeito aos que creem nesses relatos ao pé da letra, as narrativas são caminhos simbólicos riquíssimos encontrados para tratar das energias de cada Orixá e de valores pessoais e coletivos. Ao longo do tempo puderam ser ouvidas e lidas como índices religiosos, culturais, pistas psicanalíticas, oralitura e literatura.

Para vivenciar a espiritualidade das religiões de matriz africana de maneira plena, é preciso distinguir a letra e o espírito, não apenas no tocante aos mitos e às lendas dos Orixás, mas também aos pontos cantados, aos orikis etc. Quando se desconsidera esse aspecto, existe a tendência de se desvalorizar o diálogo ecumênico e inter-religioso, assim como a vivência pessoal da fé. O simbólico é um grande instrumento para a reforma íntima, o autoaperfeiçoamento, a evolução.

Ressignificar esses símbolos, seja à luz da fé ou da cultura, é valorizá-los ainda mais, em sua profundidade e também em sua superfície, ou seja, em relação ao espírito e ao corpo, à transcendência e ao cotidiano, uma vez que tais elementos se complementam.

Um ouvinte/leitor mais atento à interpretação arquetípica psicológica (ou psicanalista) certamente se encantará com as camadas interpretativas da versão apresentada para o relato do ciúme que envolve Obá e Oxum em relação ao marido, Xangô. Os elementos falam por si: Oxum simula cortar as duas orelhas para agradar ao marido; Obá, apenas uma (o ciúme, como forma de apego, é uma demonstração de afeto distorcida unilateral, embora, geralmente, se reproduza no outro, simbioticamente, pela lei de atração dos semelhantes, segundo a qual não há verdugo e vítima, mas cúmplices, muitas vezes inconscientes). A porção mutilada do ser é a orelha, a qual, na abordagem holística, associa-se ao órgão sexual feminino, ao aspecto do côncavo, e não do convexo. Aliás, *aurícula* (*orelha*, em latim) significa, literalmente, *pequena vagina*. O fato de não haver relação direta entre latim e iorubá apenas reforça que o inconsciente coletivo e a sabedoria ancestral são comuns a todos e independem de tempo e espaço.

A sabedoria ancestral dos relatos mitológicos, como visto no exemplo do trio Obá, Oxum e Xangô, tem caráter universal. São muitos os exemplos, dentre eles os que se referem aos pares complementares das energias feminina e masculina, ying e yang.

Tome-se o exemplo do próprio Xangô, que, aliás, tem três esposas: Obá, Oxum e Iansã (sobre cada uma delas, vejam-se as descrições que iniciam cada grupo de relatos, por Orixás, em ordem alfabética). Por vezes Xangô é retratado como tirano e insensível ao feminino, a ele apenas se sobrepondo, como quando tenta tomar à força Euá (símbolo da virgindade) ou seduzindo e/ou violentando sua mãe adotiva, Iemanjá, ou Nanã, a esposa mais velha de Oxalá (símbolos da maternidade). Em outros momentos, intimamente ligado ao feminino ou a ele submetido. Dos diversos relatos a respeito desse Orixá, existe um bastante significativo a respeito da integração entre o masculino e o feminino:

> *Xangô fugia de inimigos e foi se esconder na casa de Iansã.*
> *Caso fosse pego, perderia a cabeça.*
>
> *Iansã o ajudou com um estratagema: vestiu Xangô as roupas dela, cortou o próprio cabelo e cobriu a cabeça do amado. Enfeitou-o, ainda, como se fosse ela.*
>
> *Iansã anunciou que sairia e, quando o fez, foi muito admirada por todos. Na verdade, era Xangô disfarçado.*
>
> *Quando os inimigos entenderam o que havia acontecido, já era tarde: Xangô estava salvo.*

O masculino travestido de feminino, no relato acima, pode ser lido como o ato de colocar-se no lugar do outro, com vistas à compreensão de seu oposto complementar.[1] Ao se vestir como Iansã (a esposa com quem mais Xangô apresenta compatibilidade de elementos, pois com ela divide os domínios do fogo, do raio e do trovão, ao mesmo tempo em que a ela se opõe, pois Xangô é Orixá que pulsa tão intensamente a vida, que repulsa o mundo dos

---

1. Veja-se esta correlação com o deus nórdico Thor, inscrito na mesma gama arquetípica de Xangô: "Uma interpretação interessante sobre o mito em que Thor, disfarçado de mulher, resgata seu martelo é dada pela escritora Freya Aswynn. Ela afirma que, somente ao assumir sua anima (indicada pelas roupas femininas), Thor consegue resgatar sua verdadeira masculinidade (simbolizada pelo martelo que, como a runa Thurisaz, é uma figura fálica). (FAUR, Mirella. Mistérios nórdicos: deuses, runas, magias, rituais. São Paulo: Pensamento, 2007 p. 86)

mortos, reino em que Iansã se sente à vontade, como se verá num dos relatos), Xangô, por meio da representação do feminino, reforça o seu masculino, de modo equilibrado e maduro. Assim, não perde sua cabeça (seu Ori, sua consciência) e não se deixa vencer pelos inimigos (instintos, temores, inconsciência). Como na imagem da balança da justiça, domínio de Xangô, os pratos assumem posições equânimes ou com oscilações compreensíveis rumo ao equilíbrio.

De modo geral, as religiões afro-brasileiras se pautam pela tradição oral e com a Umbanda não é diferente, embora haja farta bibliografia a respeito da mesma. Como este livro se atém à teologia de Umbanda, ao contrário de outros trabalhos, não trataremos dos chamados orikis, textos laudatórios aos Orixás, tipologia textual mais afeita ao culto em África e no Candomblé.

Para mais fácil leitura, os Orixás são apresentados em ordem alfabética.

Euá

Divindade do rio Yewa, também conhecida como Iya Wa, considerada a dona do mundo e dos horizontes, ligada às águas e, por vezes, associada à fertilidade. Em algumas lendas aparece como esposa de Obaluaiê/Omulu. Já em outras, é esposa de Oxumaré, relacionada à faixa branca do arco-íris (seria a metade feminina desse Orixá).

Protetora das virgens, tem o poder da vidência, sendo senhora do céu estrelado. Por vezes é confundida com Iansã, Oxum e mesmo Iemanjá. Além do arpão, seu símbolo mais conhecido, pode também carregar um ofá (arco e flecha) dourado, uma espingarda ou uma serpente de metal. Também é simbolizada pelo raio de sol. pela neve e pelas palmeiras em formato de leque.

Orixá pouco cultuado na Umbanda.

Características

Animais: sabiá.
Bebida: champanhe.
Cor: carmim.
Comemoração: 13 de dezembro.
Corpo humano e saúde: problemas intestinais e respiratórios.
Dia da semana: sábado.
Elemento: água
Elementos incompatíveis: aranha, galinha, teia de aranha.
Ervas: arrozinho, baronesa (alga), golfão.
Flores: flores brancas e vermelhas.
Metais: cobre, ouro, prata.
Pontos da natureza: linha do horizonte, recebendo entregas em rios e lagos.
Saudação: Rirró! ou Ri ró! (Doçura!)

Símbolo: arpão.

Sincretismo: Nossa Senhora das Neves, Santa Luzia.

Mitologia dos Orixás

Euá era mãe de dois filhos. Juntos, iam todos os dias à floresta buscar lenha, que Euá vendia no mercado.

Certa vez os três se perderam na floresta. Em algum tempo as crianças começaram a reclamar de fome, de cansaço e de sede. Andavam e não encontravam nem o caminho, nem o que comer, nem o que beber. A mãe, então, suplicou ajuda a Olorum e aos deuses. Deitou-se ao lado dos filhos extenuados e, ali mesmo onde estava, transformou-se numa nascente, cuja água matou a sede das crianças.

A fonte continuou a jorrar, formou uma lagoa, cujas águas extravasaram e, mais adiante, formaram um rio, o rio Euá.

Euá buscava um lugar para viver.
Chegando às cabeceiras dos rios, aí fez sua morada.
Foi surpreendida pelo arco-íris e por ele se apaixonou.
Era Oxumaré.
Euá com ele se casou.
Passou a viver com o arco-íris.
Euá, filha de Obatalá, vivia reclusa no palácio do pai. Muito linda, a fama de sua beleza corria mundo, chegando até Xangô. Desejoso de conhecê-la, Xangô tornou-se jardineiro do palácio de Obatalá para, mulherengo, seduzir Euá.

Um dia, Euá viu o jardineiro e dele se enamorou. Xangô lhe deu vários presentes, dentre eles uma cabaça enfeitada de búzios, com uma cobra por fora e mistérios por dentro.

Mas o amor dos dois não tornou Euá feliz.

Então, pediu ao pai que a enviasse para bem longe, onde não pudesse ser vista pelos homens. Obatalá a enviou para o mundo dos mortos. No cemitério, onde não é incomodada, Euá entrega a Oiá os cadáveres. Obaluaê encaminha os mortos a Ocô, que os devora, a fim de voltarem para a terra, elemento de Nanã do qual foram feitos.

Sincretismo

SANTA LUZIA: (13 de dezembro) – A Santa Luzia também se associa Oxum Apará, com boa visão de jogo. Mártir que teve a garganta cortada, no século XV, por não ter querido contrair núpcias, certamente tornou-se padroeira dos olhos em virtude de seu nome, que vem do latim "lux" (luz).

Exu

Conhecido pelos Fons como Legba ou Legbara, o Exu iorubano é Orixá bastante controvertido e de difícil compreensão, o que, certamente o levou a ser identificado com o Diabo cristão. Responsável pelo transporte das oferendas aos Orixás e também pela comunicação dos mesmos, é, portanto, seu intermediário. Como reza antigo provérbio, "Sem Exu não se faz nada".

Seu arquétipo é o daquele que questiona as regras, para quem nem sempre o certo é certo, ou o errado, errado. Assemelha-se bastante ao Trickster dos indígenas norte-americanos. Seus altares e símbolos são fálicos, pois representa a energia criadora, o vigor da sexualidade.

Responsável pela vigia e guarda das passagens, é aquele que abre e fecha caminhos, ajudando a encontrar meios para o progresso além da segurança do lar e protegendo contra os mais diversos perigos e inimigos.

De modo geral, o Orixá Exu não é diretamente (ou é relativamente pouco) cultuado na Umbanda, mas sim os Guardiões (Exus) e Guardiãs (Pombogiras).

Características

Animais: cachorro, galinha preta.
Bebida: cachaça.
Chacra: básico (sacro).
Cores: preto e vermelho.
Comemoração: 13 de junho.
Comida: padê.
Contas: pretas e vermelhas.
Corpo humano e saúde: dores de cabeça relacionadas a problemas no fígado.

Dia da semana: segunda-feira.

Elemento: fogo.

Elementos incompatíveis: comidas brancas, leite, sal.

Ervas: arruda, capim tiririca, hortelã, pimenta, salsa, urtiga.

Flores: cravos vermelhos.

Metal: ferro.

Pedras: granada, ônix, turmalina negra, rubi.

Planeta: o planeta associado a Exu é Mercúrio.

Conforme o *Dicionário de Símbolos*,

> *Vizinho mais próximo do Sol, Mercúrio é o planeta mais rápido, de cabriolagens incessantes. Mercúrio, o deus da mitologia, diligente e provido de asas nos pés, tinha o ofício de mensageiro do Olimpo (v. **Hermes**). Vale dizer que Mercúrio é essencialmente um princípio de ligação, de intercâmbios, de movimento e adaptação. (p. 606)*

Pontos da natureza/de força: encruzilhadas, passagens.

Saudação: Laroiê, Exu, Exu Mojubá! (Salve, Mensageiro, eu saúdo Exu!). Fórmula usada para os Guardiões e também para Pombogiras.

Símbolos: bastão (ogó) – bastão fálico de Exu, representando a fertilidade (masculina, yang); tridente – representa caminhos, direções.

Sincretismo: Santo Antônio.

Mitologia dos Orixás

Exu vagava pelo mundo, sem destino, sem se fixar em lugar nenhum ou exercer alguma profissão. Simplesmente ia de um canto a outro. Um dia começou a ir a casa de Oxalá, onde passava o tempo a observar o velho Orixá a fabricar os seres humanos.

Outros visitavam Oxalá, ficavam alguns dias, mas nada aprendiam, apenas admiravam a obra de Oxalá, entregando-lhe oferendas. Por sua vez, Exu ficou dezesseis anos na casa de Oxalá, ajudando e aprendendo como se fabricavam os humanos, observando, atento, sem nada perguntar.

Como o número de humanos para fazer só aumentava, Oxalá pediu a Exu para ficar na encruzilhada por onde passavam os visitantes, não permitindo que passassem os que nada trouxessem ao velho Orixá. Exu, então, recolhia as oferendas e entregava a Oxalá, que resolveu recompensá-lo, de modo que todo visitante deveria também deixar algo para Exu.

Exu se fixou de vez como guardião de Oxalá, fez sua casa na encruzilhada e prosperou.

Certa vez, Aganju, ao atravessar um rio, vi uma linda mulher que se banhava nas águas.

Era Oxum.

Fez-lhe a corte, contudo Oxum o desprezou.

Então, Aganju tentou violentá-la.

Das águas surgiu um pequeno ser, Eleguá, para defender Oxum, que, rindo, explicou a Aganju que Eleguá a queria como mãe. De pronto, estabeleceu-se uma amizade entre todos.

Aganju convidou os dois para irem à sua casa. Ambos aceitaram.

Lá chegando, porém, Eleguá recusou-se a entrar, ficando à porta.

Tornou-se guardião da casa.

E, assim, tornou-se também o primeiro a comer.

Exu, o guardião e o primeiro a receber homenagens, não por ser maior que os demais Orixás, mas por estar no externo e, portanto, guardar o interno.

Certa vez mandaram Exu preparar um ebó (oferenda) para se conseguir fortuna rapidamente. Depois de tê-lo preparado, Exu foi para Ijebu, contudo não se hospedou na casa do governante local, segundo a tradição, mas na casa de um homem muito importante.

Pela madrugada, todos dormindo, Exu se levantou e fingiu ir até o quintal para urinar. Então, pôs fogo nas palhas que cobria a casa e passou a gritar, dizendo que perdia uma fortuna imensa que estava dentro de uma talha que entregara ao dono da casa para guardar.

Tudo foi consumido pelo fogo.

Uma multidão acorria e ouvia a história de Exu. Até mesmo o governante local acorreu.

Para que um estrangeiro não fosse prejudicado, o chefe local resolveu pagar a Exu o valor que ele afirmava ter perdido no incêndio. Contudo, na aldeia, não havia dinheiro suficiente para tanto.

Para compensar Exu, o rei decidiu, então, proclamá-lo rei de Ijebu. E todos se tornaram seus súditos.

Até hoje há grande dificuldade para o mundo industrializado compreender o controvertido e o contraditório em Exu, em cujos relatos nem sempre o bom é totalmente bom e o mau é totalmente mau, havendo uma busca pelo equilibro cósmico. Certamente por essa dificuldade e pelas representações e culto a Exu em África

contribuíram para que, preconceituosamente, o Orixá fosse associado ao Diabo hebraico-cristão.

Pontos cantados/MPB dos Orixás

Inúmeras ocorrências, como:

O sino da igrejinha faz belem blem blom
Deu meia-noite o galo já cantou
Seu Tranca-Ruas que é o dono da gira
Oi, corre gira que Ogum mandou

Foi, foi Oxalá
Quem mandou eu pedir, quem mandou eu rezar
Que as Santas Almas viessem ajudar
Seu Tranca na encruza de joelho a gargalhar

Oi, botaram um despacho na encruzilhada pra me derrubar
Não adianta, não adianta, eu também sou de lá
Se meu pai é Ogum, se meu pai é Ogum
E minha mãe é Iemanjá
Já falei com Seu Sete, ele é meu compadre
Ele vai me ajudar
Você vai pagar, você vai pagar
Vai ter que pagar

Evidentemente os dois últimos versos do terceiro ponto cantado ("Você vai pagar, você vai pagar/ Vai ter que pagar") não devem ser entendidos como ameaça ou vingança, mas como um lembrete de como funciona a Lei de Ação e Reação.

Sincretismo

SANTO ANTÔNIO DE PÁDUA OU DE LISBOA: (13 de junho) – Talvez a associação de Exu com o franciscano do século XIII seja porque o mesmo foi canonizado no dia de Pentecostes, ao qual se associam línguas de fogo descendo do céu, sendo o fogo o elemento do Orixá Exu. Certamente a associação se dá porque Antônio era missionário, peregrino, caminhando sempre.

Iansã

Orixá guerreiro, senhora dos ventos, das tempestades, dos trovões e também dos espíritos desencarnados (eguns), conduzindo-os para outros planos, ao lado de Obaluaê. Divindade do rio Níger, ou Oya, é sensual, representando o arrebatamento, a paixão. De temperamento forte, foi esposa de Ogum, e depois a mais importante esposa de Xangô (ambos tendo o fogo como elemento afim). Irrequieta e impetuosa, é a senhora do movimento e, em algumas casas, também a dona do teto da própria casa.

Uma de suas funções espirituais é trabalhar a consciência dos desencarnados que estão à margem da Lei, para, então, poder encaminhá-los a outra linha de evolução.

Características

Animais: borboleta (inseto), cabra amarela, coruja rajada.
Bebida: champanhe.
Chacras: cardíaco e frontal.
Cores: amarela (coral).
Comemoração: 04 de dezembro (Santa Bárbara).
Comidas: acarajé, ipeté, bobó de inhame.
Contas: coral – amarelo, bordô, marrom ou vermelho.
Dia da semana: quarta-feira.
Elemento: fogo.
Elementos incompatíveis: abóbora, rato.
Ervas: cana-do-brejo, erva-prata, espada-de-iansã, folha-de-louro (menos para banho), erva-de-santa-bárbara, folha-de-fogo, colônia, mitanlea, folha da canela, peregum amarelo, catinga-de-mulata, parietária, para-raio.
Essências: patchouli.
Flores: amarelas ou corais.

Metal: cobre.

Pedras: coral, cornalina, granada, rubi.

Planetas: Júpiter, Lua.

Júpiter: quanto a Júpiter, associado a Xangô, o que reforça a simbiose Xangô-Iansã, embora seja reconhecida a supremacia de Oxalá, muitas vezes Xangô é associado ao Zeus grego, senhor dos raios, que, por sua vez, também aparece no panteão romano com características semelhantes, porém com o nome de Júpiter, sendo "Iupiter" nada mais do que a contração de "Zeus Pater".

Lua: associada a ciclos (em especial ao feminino). Vale lembrar que uma pessoa desequilibrada psíquica e emocionalmente é chamada de "lunática", enquanto alguém distraído, isto é, cujo pensamento plane por outras paragens, é conhecido por "aluado (a)".

Ponto da natureza: bambuzal.

Saudação: Eparrei! (Salve!)

Símbolos: iruexim, raio. O iruexim é uma espécie de chicote de Iansã, feito com rabo de cavalos, para espantar eguns. O vocábulo deriva do iorubá "irù esin", com o sentido de "rabo de cavalo". A espada evoca a força guerreira de Iansã. O raio evoca o poder da senhora dos raios, das tempestades, do vento.

Sincretismo: Santa Bárbara, Santa Joana d'Arc, Santa Catarina.

Mitologia dos Orixás

Oiá não podia ter filhos e, então, consultou um babalaô, que lhe aconselhou a fazer uma oferenda com carneiro (agutã), búzios e roupas coloridas.

Iansã cumpriu o combinado à risca e teve nove filhos. Quando ia ao mercado para vender azeite de dendê, todos comentavam "Lá vai Iansã!", ou seja, "Lá vai aquela que se tornou mãe nove vezes!".

Em sinal de respeito e gratidão, Iansã não mais comeu carneiros.

Iansã não podia ter filhos e por isso procurou um babalaô[2]. Este lhe explicou que engravidaria somente quando fosse possuída violentamente por um homem.

---

2. O sacerdote de Ifá é o Babalaô ("pai do segredo"; não confundir com o babalaô de Umbanda, sinônimo de dirigente espiritual ou babá). O Alabá é o chefe dos Oluôs (o oluô é um grau entre os sacerdotes de Ifá), sendo Alabá também o sacerdote-chefe da sociedade secreta Egungum, bem como título de honra de algumas autoridades do Candomblé, o que não deve ser confundido. O iniciante é chamado de Kekereaô-Ifá, tornando-se Omo-Ifá (filho de Ifá) após o chamado pacto. O sistema divinatório de Ifá, aliás, não se restringe apenas aos búzios, mas abarca outras técnicas, dentre elas os iquines (16 caroços de dendê) e o opelê (corrente fina, aberta em duas, contendo cada parte 04 caroços de dendê). O Culto a Ifá, cujo patrono é Orumilá (símbolo: camaleão), tem crescido no Brasil, havendo diversas casas a ele dedicadas.
Tanto Orumilá quanto Exu têm permissão para estar próximos a Olorum quando necessário, daí sua importância. Senhor dos destinos, Orumilá rege o plano onírico, é aquele que sabe tudo o que se passa sob a regência de Olorum, no presente, no passado e no futuro. Tendo acompanhado Odudua na fundação de Ilê Ifé, é conhecido como "Eleri Ipin" ("testemunho de Deus"; aliás, sua saudação), "Ibikeji Olodumaré" ("vice de Deus"), "Gbaiyegborun" ("o que está na terra e no céu"), "Opitan Ifé" ("o historiador de Ifé"). Por ordens de Olorum, além de ter participado da criação da terra e do homem, Orumilá auxilia cada um a viver seu cotidiano e a vivenciar seu próprio caminho, isto é, o destino para seu Ori (Cabeça). Seus porta-vozes são os chamados babalaôs (pais do segredo), iniciados especificamente no culto a Ifá. No caso dos búzios, entretanto, os babalaôs são cada vez mais raros, sendo os mesmos lidos e interpretados por babalorixás, ialorixás e outros devidamente preparados (a preparação e as formas de leitura podem variar bastante do Candomblé para a Umbanda e de acordo com a orientação espiritual de cada casa e cada ledor/ledora). Cada ser humano é ligado diretamente a um Odu, que lhe indica seu Orixá individual, bem como sua identidade mais profunda.

Xangô, um dia, possuiu Iansã com violência e ela deu à luz nove filhos. Dos nove, oito eram mudos, e Iansã procurou novamente o babalaô, que lhe disse para fazer oferendas.

Algum tempo depois nasceu um filho que não era mudo, mas tinha a voz bem rouca, cavernosa. Esse filho era Egungum, ancestral de cada família e cada cidade.

Quando Egungum vem dançar com seus descendentes, usando suas paramentas específicas, a única mulher diante da qual ele se curva é Iansã.

O tema da maternidade está presente nesses itãs, bem como outros elementos, com a explicação do nome "Iansã" e o porquê de a mesma não comer carneiro.

Oiá recebeu o conselho de sempre estar ao lado de seu marido, Xangô, e de não retornar à sua terra natal, onde estava sua família.

Com o coração dividido, desconsiderou o conselho e retornou a Irá. Porém, um dia, recebeu a notícia da morte de Xangô e, ficando tão triste transformou-se num rio, o Odô Oiá, também conhecido como rio Níger.

Fidelidade, companheirismo e identificação entre Xangô e Iansã, esta última comungando até o fim do Axé do fogo.

Iansã adorava suas joias. Um dia quis sair de casa com elas, mas seus pais não permitiram, argumentando que era perigoso.

Tempestuosa, Iansã entregou, então, suas joias a Oxum, varou o teto da casa, voando, ventando.

A liberdade do vento considerada superior à coqueteria e à vaidade, atributos de Oxum, em oposição à sensualidade eólica de Iansã.

Pontos cantados/MPB dos Orixás

Iansã
Mulher divina do Axé
Eparrei, Oyá!
Santa Bárbara ela é (2X)

Já trovejou
Já relampeou
Sua espada luminosa
Ela segurou

Eram duas ventarolas, eram duas ventarolas
Que iam beirando o mar (2X)
Uma era Iansã, eparrei!
A outra era Iemanjá, Odociá! (2X)

A Deusa dos Orixás

(Romildo S. Bastos e Toninho Nascimento)

Iansã, cadê Ogum? Foi pro mar (2X)
Mas Iansã, cadê Ogum? Foi pro mar (2X)

Iansã penteia os seus cabelos macios
Quando a luz da lua cheia clareia as águas do rio
Ogum sonhava com a filha de Nanã
E pensava que as estrelas eram os olhos de Iansã

Mas Iansã, cadê Ogum? Foi pro mar (2X)
Iansã, cadê Ogum? Foi pro mar (2X)

Na terra dos orixás, o amor se dividia
Entre um deus que era de paz
E outro deus que combatia
Como a luta só termina quando existe um vencedor
Iansã virou rainha da coroa de Xangô

Mas Iansã, cadê Ogum? Foi pro mar (2X)
Iansã, cadê Ogum? Foi pro mar (2X)

Deixa a gira girar

(Mateus Aleluia, Dadinho e Heraldo)

Meu Pai veio de Aruanda
E a nossa Mãe é a Iansã.

Meu Pai veio de Aruanda
E a nossa Mãe é a Iansã.

Oh gira deixa a gira girar
Oh gira deixa a gira girar

Deixa a gira girar, saravá Iansã!
É Xangô e Iemanjá
Deixa a gira girar.

Oh gira deixa a gira girar
Oh gira deixa a gira girar.

Dois clássicos da MPB que consagraram Iansã e outros Orixás no imaginário da cultura afro-brasileiro, levando conceitos religiosos e espirituais, mitos e tradições para fora dos muros dos terreiros.

Na Umbanda, ainda que pertencendo à chamada Linha d'Água (Iabás), Iansã também se associa ao vento, às tempestades, ao Tempo.

Sincretismo

SANTA BÁRBARA: (04 de dezembro) – Segundo a tradição, Bárbara vivia encarcerada numa torre pelo próprio pai. Convertida à fé cristã, fugiu e foi condenada à morte. O pai, substituindo o algoz, cortou-lhe o pescoço com uma espada, sendo, então, atingido por um raio.

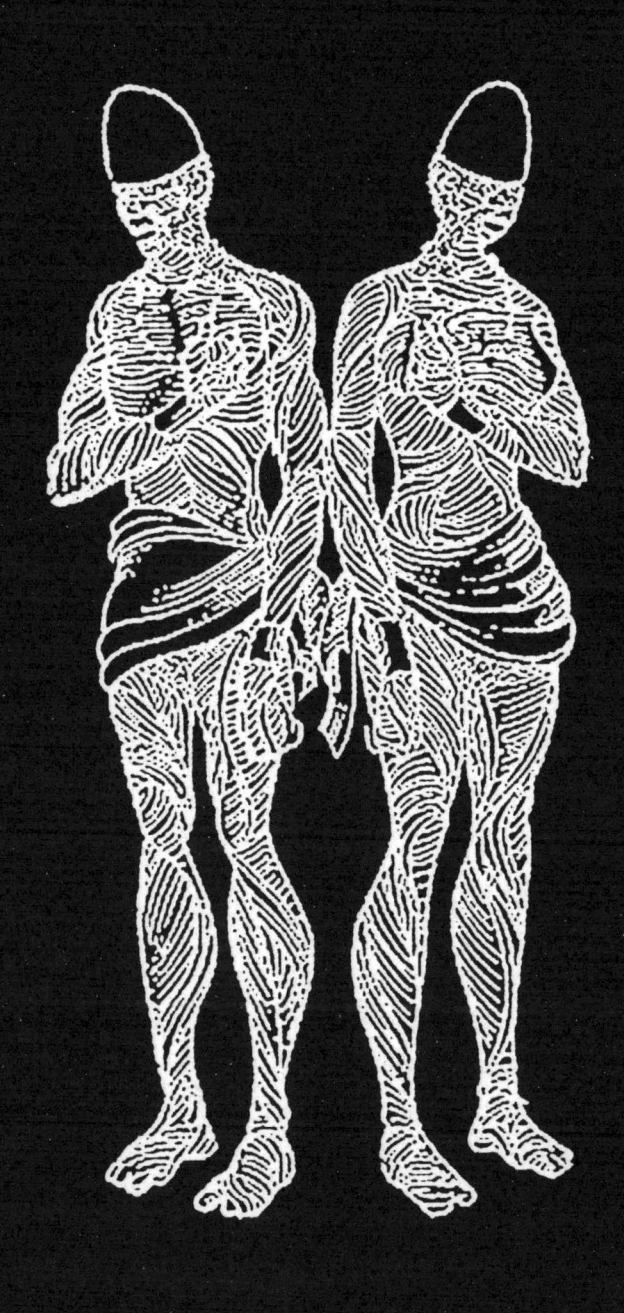

Ibejís

Formado por duas entidades distintas, indicam a contradição os opostos que se complementam. Tudo o que se inicia está associado aos Ibejis: nascimento de um ser humano, a nascente de um rio etc. Geralmente são associados aos gêmeos Taiwo ("o que sentiu o primeiro gosto da vida") e Kainde ("o que demorou a sair"), às vezes a um casal de gêmeos. Seus pais também variam de lenda para lenda, contudo a mais conhecida os associam a Xangô e Oxum.

Responsáveis em zelar pelo parto e pela infância, bem como pela promoção do amor e da união.

Na Umbanda, em vez de se cultuar diretamente os Ibejis (Orixás), é mais comum cultuar-se a Linha de Yori.

Doum é a terceira criança, companheiro de Cosme e Damião, com os quais os Ibejis são sincretizados. O nome Doum deriva do iorubá "Idowu", nome atribuído ao filho que nasce na sequência de gêmeos; relaciona-se também com o termo fongé "dohoun", que significa "parecido com", "semelhante ou igual a".

Características

Animais: de estimação.

Bebidas: água com açúcar, água com mel, água de coco, caldo de cana, refrigerante, suco de frutas.

Chacras: todos, em especial o laríngeo.

Cores: rosa e azul (branco, colorido).

Comemoração: 27 de setembro.

Comidas: caruru, doces e frutas.

Contas: azuis, brancas, rosa.

Corpo humano e saúde: acidentes, alergias, anginas, problemas de nariz, raquitismo.

Dia da semana: domingo.

Elemento: fogo.

Elementos incompatíveis: assovio, coisas de Exu, morte.

Ervas: alecrim, jasmim, rosa.

Essências: de frutas.

Flores: margarida, rosa mariquinha.

Metal: estanho.

Pedra: quartzo rosa.

Planeta: Mercúrio.

Pontos da natureza/de força: cachoeiras, jardins, matas, praias e outros.

Saudação: Oni Ibejada! (Salve as crianças! ou Ele é dois!)

Símbolos: gêmeos

Sincretismo: São Cosme e São Damião, Santos Crispim e Crispiniano.

Mitologia dos Orixás

Os gêmeos, filhos de Xangô e Oxum, adoravam brincar e se divertir. Tinham predileção por tocar seus tambores mágicos, presentes de Iemanjá, sua mãe adotiva.

Por esse tempo, Icu, a morte, havia colocou armadilhas por todo o caminho, armadilhas que ninguém conseguia desarmar. E as pessoas morriam, morriam.

Os Ibejis decidiram derrotar a morte. Foram por um caminho onde ela havia posto uma armadilha. Um foi pela trilha, o outro, escondido na mata. Aquele que seguia pela trilha, tocava o tambor mágico. A Morte adorou e o avisou da armadilha, poupando-lhe a vida. E a Morte dançava. Quando se cansou, um gêmeo trocou de lugar com o outro e prosseguiu com a música. E a Morte dançava.

Ao longo do tempo e do caminho, o tambor não parava. A Morte foi se cansando, mas não conseguia interromper a dança. Pediu para que a música parasse. Os Ibejis, então, disseram que parariam a música desde que a Morte retirasse as armadilhas. Ela concordou.

Assim, os Ibejis venceram Icu, a Morte.

Pontos cantados/MPB dos Orixás

Inúmeros, como:

Cosme e Damião desceu
Na embarcação do mar
Cosme e Damião desceu, ai meu Deus
Na embarcação do mar

Sincretismo

SÃO COSME E SÃO DAMIÃO: (27 de setembro) – Segundo a tradição, médicos gêmeos caridosos que foram decapitados após seus algozes não terem tido sucesso com lapidação e flechadas.

Iemanjá

Considerada a mãe dos Orixás, divindade dos Egbé, da nação Iorubá, está ligada ao rio Yemojá. No Brasil, é a rainha das águas e dos mares. Protetora de pescadores e jangadeiros, suas festas são muito populares no país, tanto no Candomblé quanto na Umbanda, especialmente no extenso litoral brasileiro. Senhora dos mares, das marés, da onda, da ressaca, dos maremotos, da pesca, da vida marinha em geral.

Conhecida como Deusa das Pérolas, é o Orixá que apara a cabeça dos bebês na hora do nascimento. Rege os lares, as casas, as uniões, as festas de casamento, as comemorações familiares. Responsável pela união e pelo sentido de família, seja por laços consanguíneos ou não.

Características

Animais: peixe, cabra branca, pata ou galinha branca.
Bebida: água mineral, champanhe.
Chacra: frontal.
Cores: cristal (branco, azul claro, rosa claro, verde claro).
Comemoração: 02 de fevereiro, 08 de dezembro, 15 de agosto.
Comidas: arroz, canjica, camarão, mamão, manjar, peixe.
Contas: contas e miçangas de cristal, com firmas em cristal.
Corpo humano e saúde: psiquismo, sistema nervoso.
Dia da semana: sábado.
Elemento: água.
Elementos incompatíveis: poeira, sapo.
Ervas: colônia, pata-de-vaca, embaúba, abebê, jarrinha, golfo, rama-de-leite.
Essências: jasmim, rosa branca, crisântemo, orquídea.

Flores: rosas brancas, palmas brancas, angélicas, orquídeas e crisântemos brancos.

Metal: prata.

Pedras: água marinha, calcedônia, lápis-lazúli, pérola, turquesa.

Planeta: Lua. Associa-se a Iemanjá a lua, astro por excelência atrelado ao feminino e aos seus ciclos, à gestação, à maternidade. Conforme se verá em símbolos, em especial a lua minguante está ligada a Iemanjá, embora, na tradição da Música Popular Brasileira, destaque-se a lua cheia, repleta de romantismo.

Ponto da natureza: mar.

Saudações: Odoya! ou Odoyá! ou Odofiaba! (Mãe das Águas!)

Símbolos:

Lua minguante: A lua evoca o poder feminino e seus ciclos. De modo geral, a lua minguante refere-se à menstruação. Na lua minguante, como na crescente, a maré é pequena, o que traria o infinito do mar para mais próximo da terra e vice-versa, em integração e sem sobressaltos.

Ondas: As ondas remetem ao mar, ponto de força por excelência de Iemanjá. Além disso, segundo um itã (como se verá adiante), as ondas foram criadas por Iemanjá para devolver à terra o lixo jogado ao mar pelos seres humanos.

Peixes: Símbolos da prosperidade e da riqueza, os peixes são associados a Iemanjá até em seu nome, que significa "Mãe cujos filhos são peixes".

Sincretismo: Nossa Senhora das Candeias, Nossa Senhora da Glória, Nossa Senhora dos Navegantes.

Mitologia dos Orixás

Obatalá e Odudua[3], Céu e Terra, geraram Aganju e Iemanjá.

Aganju e Iemanjá geraram Orungã, apaixonado pela própria mãe.

Um dia, com o pai ausente, Orungã violentou Iemanjá, que, estarrecida, fugiu em disparada, perseguida por Orungã. Quando ele estava prestes a alcançá-la, Iemanjá caiu. Seu corpo cresceu e cresceu, como vales e montanhas. Dos seios surgiram dois rios, que se juntaram numa lagoa, da qual se formou o mar.

De seu ventre, que também havia crescido de modo inco-mum, nasceram os Orixás.

Diversos mitos abordam questões de tabu, como o incesto. Do complexo de Édipo de Orungã por sua mãe (não consumado, pois esta, representando o consciente e o domínio sobre os instintos, lhe foge), nascem os Orixás. Toda a feminilidade de Iemanjá favorece a reprodução: dos seios túrgidos surgem as águas, fundamentais para a existência; do ventre, nascem os Orixás.

Iemanjá, como seu companheiro Aganju, é fruto do Céu e da Terra: as polaridades horizontais (masculino e feminino) conjugam-se a partir das polaridades verticais (Céu e Terra), corpo e espírito fundamentando a existência.

---

3. Odudua, aqui, assim como em diversas fontes, aparece como elemento feminino, o que, segundo Verger, resulta da confusão feita com Yemowo por parte de autores que, ao longo do tempo, se copiaram mutuamente.

Iemanjá, muito linda, um dia veio à praia e conheceu um pescador, levando-o para sua morada, no fundo do mar. Amaram-se com ardor, porém, por ser humano, o pescador morreu afogado. Iemanjá, então, devolveu seu corpo, sem vida.

Desejosa de amar, a cada noite se enamora de um pescador, que saiu ao mar, leva-o para as profundezas do mar, amam-se, o homem morre afogado e o corpo é devolvido à praia.

Por esse motivo, noivas e esposas pedem a Iemanjá que não leve seus homens e lhe ofertam presentes.

Narrativa em que o elemento masculino aparece morto a cada ato sexual, sendo necessário que se encontre outro, à primeira vista assemelha-se à narrativa-base de Scherazade, em que, a cada manhã, a esposa do príncipe Shariar era morta, sendo necessária nova núpcia. Contudo, no ita, lido em profundidade, o elemento amoroso não é anulado, antes é dissociado do físico, do corpóreo, do material, para adentrar no plano dos mistérios. O corpo pertence à terra (praia), o espírito pertence ao infinito (profundeza dos oceanos), que certamente, aqui, pode ser lido como sinônimo da eternidade. Não se nega o corpo, o qual, aliás, é imprescindível para a conjugação carnal, mas se o compreende como fundamental para esta existência, e não para viagens (mergulhos) mais profundos.

Desde o início da criação os seres humanos começaram a poluir o mar. Por essa razão, Iemanjá e sua casa viviam sujas. Então, Iemanjá foi reclamar com Olorum, que lhe deu o poder de devolver à praia tudo o que sujasse as águas do mar.

Surgiram, assim, as ondas, que devolvem a terra o que não pertence ao mar.

Itã de matiz ecológico, sobre a responsabilidade de se cuidar do que é seu e de todos, antes que a natureza o faça com veemência.

Evoca a Lei de Ação e Reação, segundo a qual tudo o que se mobiliza energeticamente produz uma força reativa na mesma proporção, o que popularmente e por influência de diversos segmentos da Espiritualidade da Índia, se conhece como carma.

Este texto, eu o escrevi para crianças, num ciclo de narrativas e relatos sobre Iabás.

Iemanjá adora uma praia. Pode ser vista no mar, descansando nas pedras, caminhando lentamente pela areia, sempre formosa, altiva, atenta a seus filhos e aos pescadores, jangadeiros, surfistas, a todos que elegem o mar como seu santuário. Conhece o ritmo das ondas, os segredos das ondas, a localização de tesouros perdidos, as qualidades dos peixes. Em suas mãos, até os tubarões se amansam. As baleias cantam para Iemanjá, à noite, para ela dormir. Os golfinhos fazem acrobacias quando ela acorda e se espreguiça enquanto o sol se abre.

Mãe dos peixes até no nome (Iemanjá significa "Mãe cujos filhos são peixes"), adora dançar. Por isso coordena a coreografia de seus filhos peixes e humanos, assim como a dança das ondas, das marés, das ressacas.

Festa de Iemanjá é sinônimo de alegria, pois a mãe é muito querida. Festa para mãe tem sempre muita gente, não é? Com Iemanjá não seria diferente, basta olhar o tamanho do quinta dela: todo o litoral brasileiro! Por ser mãe experiente, sabe orientar para que as famílias, as uniões todas, os lares sejam harmoniosos, abençoados pela água e pelo sal. E os filhos gostam de ver a mãe sempre bonita, por isso lhe dão flores e perfumes.

Agora, quem nunca viu uma mãe irritada? Quando Iemanjá encontra sujeira na praia (no mar, na areia, nas pedras), fica muito braba, chama atenção, dá sermão, bota as mãos na cintura, inclina o corpo, aponta o dedo, ai, ai. Faz as ondas trazerem a sujeira de volta para que os filhos recolham sozinhos, como crianças que têm de aprender a guardar os brinquedos. É mãe carinhosa, mas não mima filho nenhum...

Sábia e experiente, Iemanjá não é mulher de fugir de problemas. Os mais velhos contam que o Sol andava muito cansado de tanto brilhar. Além disso, tudo andava se queimando na Terra. Então Iemanjá propôs ao Sol que descansasse. Com alguns raios de Sol que havia guardado por debaixo da saia, ela fez um novo astro, mais suave, menos intenso, que passou a iluminar e refrescar a Terra enquanto o Sol dormia: a Lua. Enquanto o Sol dorme, as estrelas velam seu sono e a Lua dá conta do recado. No dia seguinte, tudo recomeça. Iemanjá, do mar e das pedras, contempla satisfeita sua invenção.

Iemanjá gosta de rosas e palmas brancas, crisântemos também brancos, orquídeas, angélicas. Mulher vaidosa, geralmente se veste de azul, como o mar (e o mar não parece uma extensão do vestido de Iemanjá?). Às vezes aparece como sereia, e a coisa mais linda é vê-la penteando os cabelos à luz da lua ou de algum farol.

Os filhos lhe fazem festa com seus pratos preferidos: arroz, canjica, camarão, peixe. De sobremesa, gosta de mamão, mas não dispensa um bom manjar, afinal festa é festa!

Assim é Iemanjá, essa mãe.

Pontos cantados/MPB dos Orixás

Eu vou levar
Vou levar flores no mar
Eu vou jogar!
Uma promessa eu fiz
Para a deusa do mar
O meu pedido atendeu
Eu prometi, vou pagar
Eu vou jogar
Vou jogar flores no mar
Eu vou jogar!

A fé, a confiança e a gratidão a Iemanjá dão a tônica a este ponto. Não se trata de um toma lá, dá cá espiritual, e sim de uma troca energética que resulta num presente filial ofertado à mãe, que protege, ampara e sabe das reais necessidades de seus filhos.

Iê Iemanjá
Iê Iemanjá
Rainha das ondas, sereia do mar
Rainha das ondas, sereia do mar
Como é lindo o canto de Iemanjá
Ele faz o pescador chorar
Quem escuta a mãe d'água cantar
Vai com ela pro fundo do mar
Iemanjá!
Iê Iemanjá
Iê Iemanjá
Rainha das ondas, sereias do mar
Rainha das ondas, sereias do mar

O mar, ponto de força por excelência de Iemanjá, é pleno de amor, que leva até um pescador (arquétipo do masculino vivido e experimentado nas durezas do mar, isto é da vida) a se encantar e se emocionar. Ir ao fundo do mar ao ouvir o canto de Iemanjá não significa necessariamente afogar-se, e sim penetrar, ao menos em parte, em seus mistérios, conectando-se com esse Orixá.

Eu vou a Praia Grande
Eu vou pro mar
Levar botões de rosas
Pra Iemanjá
Eu vou à praia
Vou riscar ponto na areia
Vou pedir a Mãe Sereia
Todas as forças do mar
Que nos proteja
Com seu manto inteiro branco
E com todos os encantos
Que tem as ondas do mar

Um dos grandes centros do litoral paulistano de peregrinação, em especial na festa de 08 de dezembro, que, de tantos terreiros que afluem à cidade, teve de ser desmembrada em dois finais de semana, Praia Grande associa-se a Iemanjá de forma simbiótica, tanto no que tange às casas religiosas de matriz africana quanto no imaginário de turistas e curiosos de acompanhar os trabalhos.

Conto de areia

(Letra e música: Romildo Bastos e Toninho Nascimento)

É água no mar,
É água no mar é maré cheia ô mareia ô, mareia,
Contam que toda tristeza que tem na Bahia,
Nasceu de uns olhos morenos molhados de mar,
Não sei se é conto de areia ou se é fantasia,
Que a luz da candeia alumia pra gente contar,
Um dia a morena enfeitada de rosas e rendas,
Abriu seu sorriso de moça e pediu pra dançar,
A noite emprestou as estrelas bordadas de prata,
E as águas de Amaralina eram gotas de luar,
Era um peito só cheio de promessa era só,
Era um peito só cheio de promessa era só,
Era um peito só cheio de promessa era só,
Era um peito só cheio de promessa era só,
Quem foi que mandou o seu amor se fazer de canoeiro,
O vento que rola nas palmas arrasta o veleiro,
E leva pro meio das águas de Iemanjá,
E o mestre valente vagueia olhando pra areia sem poder
chegar,
Adeus amor,
Adeus meu amor não me espera porque eu já vou me
embora,
Pro reino que esconde os tesouros de minha senhora,
Desfia colares de conchas pra vida passar,
E deixa de olhar pro veleiro,
Adeus meu amor eu não vou mais voltar,
Foi beira-mar, foi beira-mar quem chamou,
Foi beira-mar ê, foi beira-mar....

Foi beira-mar, foi beira-mar quem chamou,
Foi beira-mar ê, foi beira-mar....
É Água no mar
É Água no mar
É maré cheia ô
Mareia ô
Mareia
É Água no mar
É Água no mar
É maré cheia ô
É Água no mar
Mareia ô

Conforme o imaginário popular, a irresistível Iemanjá arrasta para seu reino os homens do mar, como reza a letra da canção, voluntariamente, diante do fascínio da Rainha do Mar, de sua beleza e de seus mistérios.

A canção teve diversas gravações, contudo foi eternizada pela voz de Clara Nunes.

Lenda das Sereias
(Vicente Mattos, Dinoel Sampaio, Arlindo Velloso)

Oguntê, Marabô
Caiala e Sobá
Oloxum, Ynaê
Janaina e Yemanjá
São rainhas do mar

Mar, misterioso mar
Que vem do horizonte
É o berço das sereias
Lendário e fascinante

Olha o canto da sereia
Ialaó, oquê, ialoá
Em noite de lua cheia
Ouço a sereia cantar
E o luar sorrindo
Então se encanta
Com as doces melodias
Os madrigais vão despertar

Ela mora no mar
Ela brinca na areia
No balanço das ondas
A paz, ela semeia
Ela mora no mar
Ela brinca na areia
No balanço das ondas
A paz, ela semeia

Toda a corte engalanada
Transformando o mar em flor
Vê o Império enamorado
Chegar à morada do amor

Oguntê, Marabô
Caiala e Sobá
Oloxum, Ynaê
Janaina e Yemanjá
São rainhas do mar

Fonte inesgotável de mistérios, o mar atrai a todos, em especial na lua cheia, associada ao romantismo e à boa visão do que é noturno, momento especial para avistar e contemplar Iemanjá em seus domínios, brincando e espalhando seu Axé.

Tendo várias gravações, sendo a mais conhecida a de Marisa Monte (LP "MM", de 1989), "Lenda das Sereias" foi samba enredo da Escola de Samba Império Serrano, em 1976 ("Lenda das Sereias, Rainhas do Mar").

A canção evoca alguns nomes/algumas qualidades de Iemanjá.

Unicamente

(Deborah Blando)

Vem sentir
a era das águas
o velho tempo terminou
somos filhos
da mãe natureza
ventre do total amor

Segue-se a história
herdada de Atlantis
todo começo é o caos
a raça humana, eterna mutante
nasce ao plano astral

Raiou o sol
que haja luz no novo dia
a voz da fé
é a sombra que te guia

Eu vou buscar
no silêncio do teu mar
linda sereia
Odoia Yemanjá

Nas ondas
que lavam a terra
vem tecendo um espiral
tom sereno
que pulsa no mantra
do teu canto sideral

Deusa da fonte
rede gigante
espelho do eterno altar
dom da visão, do voo distante
o sonho pra nós lembrar

Raiou o sol
olha o mar que alegria
sentir você
é viver em harmonia
eu vou buscar
pedras brancas pra te dar
linda sereia
Odoia Yemanjá

Vem sentir
somos divinos
grão de areia da razão
num só corpo
de única mente

Esse é o motivo
incerto destino
tempo é uma ilusão
íris da noite
ela revela
a próxima dimensão

Raiou o sol
que haja luz no novo dia
a voz da fé
é a sombra que te guia
eu vou buscar
no silêncio do teu mar
linda sereia
Odoia Yemanjá

Raiou o sol
olha o mar que alegria
sentir você
é viver em harmonia
eu vou buscar
pedras brancas pra te dar
linda sereia
Odoia Yemanjá

A era de Aquário/das águas, em que os filhos do sol se reúnem para dançar, integrados à natureza, desenrola-se, na canção, sob as bênçãos de Iemanjá, que inauguram um novo tempo.

Sexy Iemanjá
(Pepeu Gomes)

A noite vai ter lua cheia
Tudo pode acontecer
A noite vai ter lua cheia
Quem eu amo vem me ver
Tem a ver com o mar
Um luar solar
É o amor que me incendeia
Vou sair de mim
Leve como o ar
E agradar minha sereia
Se ela me chamar
E quiser me amar
Eu vou, vou vou, vou vou vou vou vou, vou
Sexy Iemanjá
Tudo a ver com o mar
A noite vai ter lua cheia
A noite vai ter lua cheia
Tudo pode acontecer
A noite vai ter lua cheia
Quem eu amo vem me ver
Vou me preparar, num banho de mar
Pronto pra ser todo seu
Vou amar demais, quero estar em paz
Entre nós só sexo e Deus
Se ela me chamar
E quiser me amar
Eu vou, vou vou, vou vou, vou, vou, vou, vou..

Sexy Iemanjá
Tudo a ver com o mar
A noite vai ter lua cheia
A noite vai ter lua cheia
Quem eu amo vem me ver
A noite vai ter lua cheia
Olha a lua!
E tudo pode acontecer
Ai, papa
Eu só quero lembrar
Que a luz da lua
Vem do sol..
Ai, papa
Eu só quero lembrar
Que a luz da lua
Vien del sol...

A sedução dos mistérios de Iemanjá, personificada em mulher, num clima romântico de lua cheia, de luau, com a sensualidade dos trópicos da América Latina, por vezes estandardizada (o texto em português se mescla a palavras em espanhol), num ritmo próximo da salsa, é a tônica desta canção.

Sincretismo

NOSSA SENHORA DOS NAVEGANTES: Festa: 02 de fevereiro, celebrada em diversas localidades do país, em rios e mares. Principalmente as casas de Candomblé festejam Iemanjá nessa data, em diversos pontos do litoral brasileiro.

NOSSA SENHORA DAS CANDEIAS: Também celebrada em 02 de fevereiro, trata-se da festa de purificação de Nossa Senhora, conforme os preceitos judaicos.

NOSSA SENHORA DA GLÓRIA: Festa: 15 de agosto. A data associava-se, ainda, à Assunção de Nossa Senhora, que, passou a ser celebrada no domingo seguinte ao 15 de agosto, em alteração do calendário da Igreja Católica para atender a particularidades do povo brasileiro

NOSSA SENHORA DA IMACULADA CONCEIÇÃO: Festa: 08 de dezembro. Enquanto, no Candomblé, geralmente se celebra Oxum nessa data, na Umbanda, a maioria das casas festeja Iemanjá, em vários pontos do litoral brasileiro. A Imaculada Conceição de Maria é um dogma da Igreja Católica, proclamado solenemente pelo Papa Pio em 1854, embora houvesse antecedentes na história da Igreja.

Logun-Edé

Filho de Oxum e Oxóssi, vive metade do ano na água (como mulher) e a outra metade no mato (como homem). Em seu aspecto feminino, usa saia cor-de-rosa e coroa de metal, assim como um espelho. Em seu aspecto masculino, capacete de metal, arco e flecha, capangas e espada. Veste sempre cores claras. Sua origem é Ijexá (Nigéria).

Príncipe dos Orixás, combina a astúcia dos caçadores com a paciência dos pescadores. Seus pontos de força na natureza compreendem barrancas, beiras de rios, vapor fino sobre as lagoas que se espraia pela mata, nos dias quentes. Vivencia plenamente os dois reinos, o das águas e das matas.

Por seu traço infantil e hermafrodita, nunca se casou, preferindo a companhia de Euá, que, assim como Logun-Edé, vive solitária e nos extremos de mundos diferentes. Solidário, preocupa-se com os que nada têm, empático com seus sofrimentos, distribuindo para eles caça e riqueza.

Características

Animal: cavalo-marinho.

Bebida: água de coco, aluá, caldo de cana, vinho tinto, champanhe.

Cores: azul celeste com amarelo.

Comemoração: 19 de abril.

Comidas: axoxô, carne de caça, frutas. banana frita, ipeté, omolocum, moqueca de peixe e pirão (com cabeça de peixe), quindim.

Contas: contas e miçangas de cristal azul celeste e amarelo.

Corpo humano e saúde: órgãos localizados na cabeça e problemas respiratórios.

Elemento: água e terra.

Elementos incompatíveis: abacaxi, cabeça de bicho, cores vermelha ou marrom.

Ervas: alecrim, guiné, vence-demanda, abre-caminho, peregum, colônia, macaçá, oriri, santa-luzia, oripepê, pingo-d´água, agrião, dinheiro-em-penca, manjericão branco, calêndula, narciso, vassourinha (menos para banho), erva-de-santa-luzia (menos para banho), jasmim (menos para banho), taioba, espinheira-santa, jurema, jureminha, mangueira, desata-nó, erva-da-jurema.

Essências: alecrim, lírio, rosa.

Flores: flores do campo, lírio, rosa amarela.

Metais: latão e ouro.

Pedras: turquesa, topázio.

Planeta: Vênus.

Pontos da natureza: margens dos rios nas matas.

Saudação: Lossi lossi! (Jovem dos rios!)

Símbolos: abebê (espelho) e ofá (arco e flecha), símbolos da mãe e do pai.

Sincretismo: Santo Expedito.

Mitologia dos Orixás

Oxum se apaixonou por Oxóssi, mas ele não se interessou por ela. Soube por um babalaô que o Orixá se interessava apenas por mulheres da floresta, não pelas das águas. Então Oxum embebeu seu corpo de mel e rolou pelo chão da floresta. Dessa forma, seduziu Oxóssi.

Um dia, porém, convidou Oxóssi para um banho no rio. Tanto o mel quanto as folhas da mata se desprenderam do corpo de Oxum e Oxóssi percebeu que fora enganado, deixando para trás o Orixá das águas, que estava grávida de Logun-Edé.

Logun-Edé e Oxóssi eram exímios caçadores. Não sabiam ser um filho do outro, e Oxóssi por ele se apaixonou.

Logun havia feito um pacto com as Iya Mi[4] e nunca flechava nenhum de seus pássaros. Oxóssi, contudo, um dia feriu um dos pássaros das Iya Mi, que se vingaram, cegando a ambos os caçadores.

Então, Logun tirou de sua bolsa a tiracolo, o adô, algo que lhe havia sido presenteado pelas Iya Mi, para sua proteção. Assim, curou a cegueira de Oxóssi. Cego, Logun conduziu Oxóssi à lagoa onde estava sua mãe, Oxum.

O antigo amor de Oxum e Oxóssi renasceu, e dele nasceu o rio Inlé e um peixe no qual Logun montou, indo até as profundezas, onde conheceu Iemanjá, que acabou por adotá-lo, dando-lhe riquezas.

Logun vive parte do tempo no rio Inlé, parte do tempo nas matas.

Filho de Oxum e Oxóssi, Logun, abandonado pela mãe, foi criado por Oiá. Não se dava muito com o pai, pois este era ríspido com o filho. Porém, apreciava a companhia de sua mãe, Oxum, que vivia com as demais iabás, esposas de Xangô.

Como a entrada de homens no palácio das iabás era proibida sob pena de morte, para visitar Oxum, Logun usava as roupas da mãe e, assim, permanecia dias em sua companhia.

---

4. Cada Iya Mi Oxorongá é uma entidade espiritual que representa a ancestralidade feminina, daí ser conhecida como mãe ancestral. As Iya Mi são senhoras, donas dos pássaros da noite, poderosas, pairando acima dos conceitos do bem e do mal.

No dia de uma grande festa no Orum, Logun se preocupou com quem roupa iria, pois pescador e caçador, não tinha trajes adequados para essa ocasião. Lembrando-se das roupas de Oxum, foi à festa vestido como uma iabá.

Todos se admiraram e perguntavam quem seria tão bela iabá que tanto lembrava Oxum. Não contendo a curiosidade, Ifá levantou o filá de Logun e viu o rosto do filho de Oxum e Oxóssi.

Logun ficou inquieto, pois todos saberiam de seu estratagema para ir à festa. Saiu do palácio, às pressas, e se escondeu na floresta.

Oxóssi, que não o reconheceu, se encantou e passou a persegui-lo.

Próximo do rio, exausto, Logun caiu e, então, Oxóssi o possuiu.

Filho de Oxum e Oxóssi, carrega as caraterísticas dos dois. Contudo, essa androginia confunde, conforme consta do último relato, o próprio pai, que enxerga em Logun apenas parcialmente, como feminino.

Pontos cantados/MPB dos Orixás

Afoxé para Logun

(Nei Lopes)

Menino caçador
Flecha no mato bravio
Menino pescador
Pedra no fundo do rio

Coroa reluzente
Todo ouro sobre azul
Menino onipotente
Meio Oxóssi, meio Oxum

Menino caçador
Flecha no mato bravio
Menino pescador
Pedra no fundo do rio

Coroa reluzente
Todo ouro sobre azul
Menino onipotente
Meio Oxóssi, meio Oxum

Eh..., quem é que ele é?
Ah..., onde é que ele está?
Axé, menino, axé!
Fara Logun, Fara Logun, Fá
Axé, menino, axé!
Fara Logun, Fara Logun, Fá

Menino, meu amor
Minha mãe, meu pai, meu filho
Toma teu axoxô
Teu onjé de coco e milho

Me dá do teu axé
Que eu te dou teu mulucum
Menino, doce mel
Meio Oxóssi, meio Oxum

Logunedé

(Gilberto Gil)

É de Logunedé a doçura
Filho de Oxum, Logunedé
Mimo de Oxum, Logunedé – edé, edé
Tanta ternura

É de Logunedé a riqueza
Filho de Oxum, Logunedé
Mimo de Oxum, Logunedé – edé, edé
Tanta beleza

Logunedé é demais
Sabido, puxou aos pais
Astúcia de caçador
Paciência de pescador
Logunedé é demais

Logunedé é depois
Que Oxóssi encontra a mulher
Que a mulher decide ser
A mãe de todo prazer
Logunedé é depois

É pra Logunedé a carícia
Filho de Oxum, Logunedé
Mimo de Oxum, Logunedé – edé, edé
É delícia

Logunedé

(Luís Berimbau e Ildásiio Tavares)

> Ê ê ê ê ê
> Fará Logun Fará Logun Fá
>
> No fundo da mata escondeu seu tesouro
> Tesouro tirado do fundo do mar
> De conchas e búzios e peixes de ouro
> Tesouro de Oxum para Oxóssi guardar
>
> Brincou pelo mato menino guerreiro
> Na caça e na pesca, reinando Logun
> Cansou foi pro mar, mergulhou bem ligeiro
> Tirando de Oxóssi o tesouro de Oxum
>
> Ê ê ê ê ê
> Fará Logun Fará Logun Fá

O Príncipe dos Orixás é associado ao belo e à integração entre o masculino e o feminino, de modo a equilibrar o cosmo e o ser humano.

Sincretismo

SANTO EXPEDITO: (19 de abril) – Segundo a tradição, mártir do século IV ao qual se associam as causas urgentes. Há diversas hipóteses para que tenha sido conhecido post-mortem como "Expedito". Talvez o tenham associado a Logun-Edé pela vivacidade, juventude e energia do Orixá.

Nanã

Associada às águas paradas e à lama dos pântanos, Nanã é a decana dos Orixás. De origem daomeana, incorporada ao panteão iorubá, foi a primeira esposa de Oxalá, tendo com ele três filhos: Iroko (ou Tempo), Obaluaê (ou Omulu) e Oxumaré.

Senhora da vida (lama primordial) e da morte (dissolução do corpo físico na terra), seu símbolo é o ibiri, feixe de ramos de folha de palmeiras, com a ponta curvada e enfeitado com búzios. Segundo a mitologia dos Orixás, trata-se do único Orixá a não ter reconhecido a soberania de Ogum por ser o senhor dos metais: por isso, nos Cultos de Nação, o corte (sacrifício de animais) feito à Nanã nunca é feito com faca de metal. Presente na chuva e na garoa: banhar-se com as águas da chuva é banhar-se no e com o elemento de Nanã.

No tocante à reencarnação, envolve o espírito numa irradiação única, diluindo os acúmulos energéticos e adormecendo sua memória, de modo a ingressar na nova vida sem se lembrar das anteriores. Representa, ainda, a menopausa, enquanto Oxum estimula a sexualidade feminina e Iemanjá, a maternidade.

Nanã rege a maturidade, bem como atua no racional dos seres.

Características

Animais: cabra, galinha e pata brancas.
Bebida: champanhe.
Chacras: frontal e cervical.
Cores: roxo ou lilás (branco e azul).
Comemoração: 26 de julho (Sant´Ana).
Comidas: aberum, feijão preto com purê de batata doce, mungunzá.
Contas: contas, firmas e miçangas de cristal lilás.
Corpo humano e saúde: dor de cabeça e problemas intestinais.

Dias da semana: sábado, segunda-feira.

Elemento: água.

Elementos incompatíveis: lâminas, multidões.

Ervas: manjericão roxo, ipê roxo, colônia, folha-da-quaresma, erva-de-passarinho, dama-da-noite, canela-de-velho, salsa-da-praia, manacá.

Essências: dália, limão, lírio, narciso, orquídea.

Flores: roxas.

Metais: latão, níquel.

Pedras: ametista, cacoxenita, tanzanita.

Planetas: Lua e Mercúrio.

Lua: associada a ciclos (em especial ao feminino). Vale lembrar que uma pessoa desequilibrada psíquica e emocionalmente é chamada de "lunática", enquanto alguém distraído, isto é, cujo pensamento plane por outras paragens, é conhecido por "aluado (a)".

Mercúrio: provavelmente pela comunicação, pelas mudanças, que, mesmo lentas, são naturais. Interessante notar a importância da sabedoria ancestral relaciona-se à velocidade das transformações, muitas vezes velozes.

Pontos da natureza/de firmeza: águas profundas, cemitérios, lama, lagos, pântanos.

Saudação: Saluba, Nanã! ("Nós nos refugiamos em Nanã!", ou "Salve a Senhora da Lama (ou do Poço!", ou ainda "Salve a Senhora da Morte!".)

Símbolos: chuva, ibiri (feixe de ramos de folha de palmeiras, com a ponta curvada e enfeitado com búzios).

Sincretismo: Sant'Ana.

Mitologia dos Orixás

Quando recebeu ordens de Olorum para criar o homem, Oxalá se utilizou, sem sucesso, de várias matérias-primas.

Tentou o ar, mas o homem se desfez rapidamente. Experimentou a madeira, mas o homem ficou muito duro. O mesmo, e com mais intensidade, aconteceu com a pedra. Com o fogo, nada feito, pois o homem se consumiu. Oxalá tentou outros elementos, como água e azeite.

Então Nanã, com seu ibiri, apontou para o fundo do lago e de lá retirou a lama que entregou a Oxalá para ele fazer o homem. Deu certo: o homem foi modelado de barro e, com o sopro de Olorum, ganhou vida.

Quando morre, o corpo físico do homem retorna à terra de onde veio por empréstimo de Nanã.

Nanã, a força do feminino como coparticipante da criação do homem. *Animus* e *anima* integrados.

Nanã teve dois filhos, Oxumaré e Omulu.

Oxumaré era lindo, Omulu era feio.

Então, Nanã cobriu Omulu com palhas para que não fosse visto e ninguém risse dele.

Quanto a Oxumaré, que tinha a beleza do homem, da mulher e das cores, Nanã o elevou até o céu e aí o pregou, onde pode ser admirado em suas cores, quando o arco-íris vem com a chuva.

No fundo, os dois filhos passaram a viver solitariamente e longe da mãe. A partir do itã, pode-se refletir sobre a opção entre "criar os filhos para o mundo" ou superprotegê-los.

Nanã e Ogum eram rivais.

Ogum: senhor do ferro, do aço, dos metais. Sem ele, não havia sacrifícios. Por isso era sempre louvado, lembrado antes de os Orixás comerem, antes dos sacrifícios rituais.

Irritada com o devotamento a Ogum, Nanã afirmou que não precisaria mais dele. Ogum perguntou como comeria sem faca. Nanã decretou que os sacrifícios a ela seriam feitos sem faca e, portanto, sem a necessidade de se pedir licença a Ogum.

Passado e presente digladiam. Tecnologia e mudanças. A metalurgia se sobrepondo às eras em que o ferro não era de todo conhecido ou utilizado.

Nanã para crianças

Este texto, eu o escrevi para crianças, num ciclo de narrativas e relatos sobre Iabás.

Nanã é a avó a quem tomos tomam a bênção. É a matriarca doce e firme que protege filhos e netos. Velhinha bastante animada, adora dançar, com seus passos lentos. Como seu ritmo é mais suave, Nanã gosta de viver mais recolhida, onde houver águas paradas, em águas profundas, nos lagos e nos pântanos, por exemplo. Também pode ser vista passeando nos cemitérios, como a lembrar a todos nós que nossos corpos um dia vão se juntar à terra, ao pó, à lama.

Carrega sempre consigo o ibiri, uma espécie de feixe de ramos de folhas de palmeiras, com a ponta recurvada e enfeitado com búzios. Com ele nos braços, como a embalar um bebê, Nanã faz sua coreografia, em especial na chuva e na garoa: é uma avozinha radical!

Anda sempre arrumadinha, alinhada, não gosta de sujeira ou bagunça. Sua cor preferida é o roxo, ou mesmo o lilás. Gosta muito de receber flores com essas cores. Não dispensa um bom prato: aberum (milho torrado e pilado), feijão preto com purê de batata doce e, de sobremesa, mungunzá (canjica).

Os mais velhos contam que, quando recebeu ordens de Olorum (Deus Supremo) para criar o homem, Oxalá (Pai Maior dos Orixás) se utilizou, sem sucesso, de várias matérias-primas. Tentou o ar, mas o homem se desfez rapidamente. Experimentou a madeira, mas o homem ficou muito duro. O mesmo, e com mais intensidade, aconteceu com a pedra. Com o fogo, nada feito, pois o homem se consumiu. Oxalá tentou outros elementos, como água e azeite. Nada funcionava. Então Nanã, com seu ibiri, apontou para o fundo do lago e de lá retirou a lama que entregou a Oxalá para ele fazer o homem. Deu certo: o homem foi modelado de barro e, com o sopro de Olorum, ganhou vida. Por isso, quando morre, o corpo físico do ser humano retorna à terra de onde veio por empréstimo de Nanã, aquela que passeia pelos cemitérios.

Assim é Nanã, essa matriarca.

Pontos cantados/MPB dos Orixás

São flores, Nanã, são flores
São flores Nanã Buruquê
São flores, Nanã, são flores
De meu Pai Obaluaê (2X)

Na hora da agonia
É ele quem vem nos valer
É seu filho, Nanã, é meu pai, Nanã
Ele é Obaluaê (2X)

Oh Nanã Adjaosi, olha eu
Oh Nanã Adjaosi, olha eu
Oh Nanã, o que pedir
Você me dá
Oh Nanã o que eu pedir
Você me dá

Em ambos os pontos Nanã aparece associada a Obaluaê (Adjaosi é uma qualidade de Nanã que caminha com Omulu).

Cordeiro de Nanã

(Mateus Aleluia)

Fui chamado de cordeiro mais não sou cordeiro não
Preferir ficar calado que falar e levar não
O meu silencio é uma singela oração a minha santa de fé

Meu cantar vibram as forças que sustentam meu viver
Meu cantar é um apelo que eu faço a nanã ê

SOU DE NANÃ Ê UÁ Ê UÁ Ê UÁ Ê
SOU DE NANÃ Ê UÁ Ê UÁ Ê UÁ Ê
SOU DE NANÃ Ê UÁ Ê UÁ Ê UÁ Ê

O que peço no momento é silêncio e atenção
Quero contar sofrimento que passamos sem razão
O meu lamento se criou na escravidão que forçado passei
Eu chorei sofri as duras dores da humilhação
Mas ganhei pois eu trazia Nanã ê no coração

SOU DE NANÃ Ê UÁ Ê UÁ Ê UÁ Ê
SOU DE NANÃ Ê UÁ Ê UÁ Ê UÁ Ê
SOU DE NANÃ Ê UÁ Ê UÁ Ê UÁ Ê

A paciência e a sabedoria de Nanã orientam a voz poética, segundo seu relato.

Sincretismo

NOSSA SENHORA DE SANT´ANA: (26 de julho) – Segundo a tradição, mãe de Maria e, portanto, avó de Jesus. Esposa de São Joaquim.

Obá

Orixá do rio Níger, irmã de Iansã, é a terceira e mais velha das esposas de Xangô. Alguns a cultuam como um aspecto feminino de Xangô.

É ainda prima de Euá, a quem se assemelha em muitos aspectos. Nas festas da fogueira de Xangô, leva as brasas para seu reino (símbolo do devotamento, da lealdade ao marido).

Guerreira e pouco feminina, quando repudiada pelo marido, rondava o palácio com a intenção de a ele retornar. Pouco cultuada na Umbanda.

Características

Animal: galinha-de-angola.
Bebida: champanhe.
Cores: vermelha (marrom rajado).
Comemoração: 30 de maio.
Comidas: abará, acarajé e quiabo picado.
Corpo humano e saúde: audição, garganta, orelhas.
Dia da semana: quarta-feira.
Elemento: fogo.
Elementos incompatíveis: peixe de água doce, sopa.
Ervas: candeia, nega-mina, folha-de-amendoeira, ipomeia, mangueira, manjericão, rosa branca.
Metal: cobre.
Pedras: coral, esmeralda, marfim, olho-de-leopardo.
Pontos da natureza: rios de águas revoltas.
Saudação: Obá xirê! (Salve a Rainha Guerreira!)
Símbolos: espada (ofangi) e escudo de cobre.
Sincretismo: Santa Joana d'Arc.

Mitologia dos Orixás

Obá era guerreira e, um dia, desafiou Ogum para combate.

Ogum, conhecendo o potencial de Obá, consultou os babalaôs, que o aconselharam a preparar oferenda de espigas de milho e quiabo pilados. Ogum assim procedeu e deixou a oferenda num canto de onde lutariam.

No combate, Obá estava em vantagem, e Ogum a foi levando até onde estava a oferenda. Num momento de descuido, Obá pisou na oferenda, uma pasta viscosa, escorregadia, e caiu.

Nesse momento, Ogum a possuiu, sendo seu primeiro homem.

Tempos depois, Xangô tomou Obá de Ogum.

Obá e Oxum disputavam o amor de Xangô o tempo todo.

Um dia, Obá viu Oxum cozinhando, com um lenço à cabeça, e testemunhou que Xangô havia se esbaldado com a comida. Intrigada, perguntou a Oxum qual era seu segredo. Oxum, contou-lhe, então, que havia cortado as orelhas e colocado na sopa que havia servido a Xangô.

Na primeira ocasião em que foi cozinhar para o marido, Obá cortou uma de suas orelhas e colocou na sopa. Quando Xangô foi comer, sentiu nojo e ficou enraivecido. Oxum, então, apareceu sem o lenço e com as orelhas. Obá percebeu que havia sido lograda e ficou enraivecida.

Xangô, que não aguentava mais as disputas, expulsou as duas de casa e correu atrás delas, lançando-lhes um raio, mas elas corriam e corriam.

Ambas se transformaram em rios. E, onde se juntam os rios Oxum e Obá, a correnteza é terrível, pois ambas lutam pelo mesmo leito.

Obá, Iansã e Oxum, as três mulheres de Xangô, viviam em disputas e confusão entre elas.

Um dia, Xangô foi para a guerra e levou consigo Iansã.

O tempo passou e Obá ficou desesperada, indo ter com Orumilá, que lhe aconselhou a pegar um rabo de cavalo e colocar no teto da casa, como oferenda.

Obá, então, encomendou a Exu um rabo de cavalo. Induzido por Oxum, Exu cortou o rabo do cavalo branco de Xangô, mas não apenas os pelos, e o cavalo sangrou até a morte.

Quando Xangô voltou, não encontrou o cavalo e viu o iruquerê no teto da casa, reconheceu tratar-se de parte de seu cavalo branco, soube pelas outras esposas da oferenda de Obá e a repudiou.

Obá evoca a paixão que cega a ponto de transformar o sujeito vítima de seus próprios desejos, de suas próprias ações. Contrapõe-se a Oxum, sempre vitoriosa no amor. Representa, ainda, o ciúme, mas também a determinação e a força do feminino.

Sincretismo

SANTA JOANA D'ARC: (30 de maio) – Padroeira de França, guerreira que viveu no século XIV e foi condenada à fogueira num processo forjado, com acusações de feitiçaria.

Obaluaê

Obaluaê, com as variações de Obaluaiê e Abaluaiê, tem culto originário no Daomé. Filho de Nanã, irmão de Iroko e Oxumaré, tem o corpo e o rosto cobertos por palha da costa, a fim de esconder as marcas da varíola, ou sendo outras lendas, por ter o brilho do próprio sol, e não poder ser olhado de frente. Foi criado por Iemanjá, pois Nanã o rejeitara por ser feio, manco e com o corpo coberto de feridas.

Orixá responsável pelas passagens, de plano para plano, de dimensão para dimensão, da carne para o espírito, do espírito para a carne. Orixá responsável pela saúde e pelas doenças, possui estreita ligação com a morte. Enquanto sua mãe se responsabiliza pela decantação dos espíritos que reencarnarão, Obaluaê estabelece o cordão energético que une espírito e feto, que a ser recebido no útero materno assim que tiver o desenvolvimento celular básico, vale dizer, o dos órgãos físicos. Em linhas gerais, Obaluaê é a forma mais velha do Orixá, enquanto Omulu é sua versão mais jovem, embora para a maioria as figuras e os arquétipos sejam idênticos.

Conhecido como médico dos pobres, com seu xaxará (feixe de piaçavas ou maço de palha-da-costa, enfeitado com búzios e miçangas), afasta as enfermidades, trazendo a cura. Também é o guardião das almas que ainda não se libertaram do corpo físico e senhor da calunga (cemitério). Os falangeiros do Orixá são os responsáveis por desligar o chamado cordão de prata (fios de agregação astral--físicos), responsável pela ligação entre o perispírito e o corpo carnal. Atuam em locais de manifestação do pré e do pós-morte, tais como hospitais, necrotérios e outros, com vistas a não permitir que espíritos vampirizadores se alimentem do duplo etérico dos desencarnados ou dos que estão próximos do desencarne. Além disso, auxiliam os profissionais da área da saúde, de terapias holísticas e afins, bem como aliviam as dores dos que padecem.

Características

Animais: cachorro, caranguejo, galinha-de-angola, peixes de couro.

Bebidas: água mineral, vinho tinto.

Chacra: básico.

Cores: preto e branco.

Comemoração: 16 de agosto (São Roque), 17 de dezembro (São Lázaro).

Comidas: feijão preto, carne de porco, deburu, abado, latipá, iberém.

Contas: contas e miçangas brancas e pretas leitosas.

Corpo humano e saúde: todas as partes do corpo.

Dia da semana: segunda-feira.

Elemento: terra.

Elementos incompatíveis: claridade, sapo.

Ervas: canela-de-velho, erva-de-bicho, erva-de-passarinho, barba-de-milho, barba-de-velho, cinco-chagas, fortuna, hera.

Essências: cravo, menta.

Flores: monsenhor branco.

Metal: chumbo.

Pedras: obsidiana, olho-de-gato, ônix.

Planeta: Saturno. Evoca a passagem do tempo, lentidão, revezes, dificuldades, fidelidade, renúncia, espiritualidade. De modo geral, tem-se a ideia da transcendência da dor e da dificuldade, bem como as lições positivas decorrentes desse aprendizado.

Pontos da natureza/de força: cemitérios, grutas, praia.

Saudação: Atotô! (Significa "Silêncio!", uma vez que Obaluaê pede silêncio, respeito, seriedade.).

Símbolos: xaxará, laguidibá (mais comum no Candomblé), cruz, cruzeiro.

Xaxará: Feixe de piaçavas ou maço de palha-da-costa, enfeitado com búzios e miçangas.

Laguidibá: Colar de Obaluaê/Omulu, feito de pequenos discos pretos dispostos em barbante, linha ou outro material.

Pipocas: Não apenas são oferendadas a Obaluaê, mas também são utilizadas para banhos, por exemplo. Conhecidas como flores de Obaluaê, em referência ao episódio mitológico--simbólico de sua cura, geralmente são estouradas com areia ou sem nada.

Cruz/cruzeiro: Principalmente pela relação com o cemitério (calunga grande). O cruzeiro também é associado à Linha das Almas, aos Pretos Velhos.

Sincretismo: São Roque, São Lázaro.

Mitologia dos Orixás

Obaluaê menino desobedecia à sua mãe. Ela lhe havia dito para não pisar nas flores brancas do jardim onde o menino brincava. Ele pisou de propósito e, quando se deu conta, seu corpo estava cheio de flores brancas, que se transformaram em feridas.

O menino, agora, estava com medo e pedia socorro à mãe, que lhe contou que a varíola lhe havia atacado por ser desobediente, mas ela o ajudaria.

Então, a mãe de Obaluaê jogou pipocas em seu corpo e as feridas desapareceram.

O menino deixou o jardim tão saudável quanto estava quando havia entrado no jardim.

Ao voltar à aldeia natal, Obaluaê viu uma grande festa, com todos os Orixás. Porém, em razão da própria aparência, não ousava entrar na festa. Ogum tentou ajudá-lo, cobrindo-o com uma roupa de palha que escondia até sua cabeça. Obaluaê entrou na festa, mas não se sentia à vontade. Iansã, que tudo acompanhava, teve muita compaixão de Obaluaê.

Então, a senhora dos ventos, esperou que Obaluaê fosse para o centro do barracão onde ocorria a festa e os Orixás dançavam animados. Soprou as roupas de Obaluaê, as palhas se levantaram com o vento, as feridas de Obaluaê pularam, numa chuva de pipoca.

Obaluaê, agora um jovem bastante atraente, tornou-se amigo de Iansã Igbale, reinando ambos sobre os espíritos (eguns).

Omulu foi abandonado por sua mãe, Nanã, numa gruta, perto da praia, e criado por Iemanjá, que lavou suas feridas com a água do mar, cujo sal as secou. Para quem ninguém visse as cicatrizes, fez para ele uma roupa de ráfia.

Omulu seguia pelas aldeias, ora dando saúde, ora deitando doenças.

Iemanjá pensou que seu filho adotivo estava curado e vigoroso, mas não podia ser pobre. Então, bastante próspera, lhe deu pérolas.

Omulu tornou-se rico, trazendo sob a roupa de ráfia, muitos colares de pérolas. Passou a ser conhecido como Jeholu, isto é, o Senhor das Pérolas.

Os três relatos tratam das dores de Obaluaê (inclusive criança) e Omulu, de sua cura e redenção.

Pontos cantados/MPB dos Orixás

Meu padrinho Obaluaê
O que vós quer para comer?
Quero pipoca estourada no azeite de dendê
Também quero um copo d´água para meus filhos benzer

Meu padrinho Obaluaê
O que vós quer para comer?
Quero farinha amarela no azeite de dendê
Também quero um copo d´água para meus filhos benzer

Omulu ê, Omuluá
Omuluê, Omulu é Orixá

Cadê a chave do baú?
Tá com o velho Omulu

Pai Curador, Omulu abençoa a todos, protege e promove a saúde em todos os níveis (físico, espiritual, psíquico etc.).

Sincretismo

SÃO ROQUE: (17 de agosto) – Natural de Montpellier, França, no século XV, auxiliava vítimas da peste, pela Itália. Quando contraiu a doença, peregrinou solitário. Representações iconográficas mostram um cão que teria levado um pão para Roque não morrer de fome. Teria morrido em Angera, Itália, numa prisão, confundido com um espião, ou em Montpellier, segundo outras fontes.

SÃO LÁZARO: (17 de dezembro) – Segundo a tradição, irmão de Marta e Maria que teria sido ressuscitado por Jesus e posteriormente sofrido martírio em Marselha. A ele se associam a lepra e os cães que lhe lambem as feridas, provavelmente por associação a outro Lázaro, o da parábola sobre o rico e o pobre (Lc 16, 19-31).

Ogum

Filho de Iemanjá, irmão de Exu e Oxóssi, deu a este último suas armas de caçador, Orixá do sangue que sustenta o corpo, da espada, da forja e do ferro, é padroeiro daqueles que manejam ferramentas, tais como barbeiros, ferreiros, maquinistas de trem, mecânicos, motoristas de caminhão, soldados e outros. Patrono dos conhecimentos práticos e da tecnologia, simboliza a ação criadora do homem sobre a natureza, a inovação, a abertura de caminhos em geral. Foi casado com Iansã e posteriormente com Oxum, entretanto vive só, pelas estradas, lutando e abrindo caminhos.

Senhor dos caminhos (isto é, das ligações entre lugares, enquanto Exu é o dono das encruzilhadas, do tráfego em si) e das estradas de ferro, protege, ainda, as portas de casas e templos. Sendo senhor da faca, no Candomblé, suas oferendas rituais vêm logo após as de Exu. Vale lembrar que, tradicionalmente, o Ogã de faca, responsável pelo corte (sacrifício animal), chamado Axogum, deve ser filho de Ogum.

Responsável pela aplicação da Lei, é vigilante, marcial, atento. Na Umbanda, Ogum é o responsável maior pela vitória contra demandas (energias deletérias) enviadas contra alguém, uma casa religiosa etc. Sincretizado com São Jorge, assume a forma mais popular de devoção, por meio de orações, preces, festas e músicas diversas a ele dedicadas.

Características

Animais: cachorro, galo vermelho.
Bebida: cerveja branca.
Chacra: umbilical.
Cor: vermelha (azul rei, verde).
Comemoração: 23 de abril.

Comidas: cará, feijão mulatinho com camarão e dendê, manga espada.

Contas: contas e firmas vermelhas leitosas.

Corpo humano e saúde: sistema nervoso, mãos, pulso, sangue.

Dia da semana: terça-feira.

Elemento: fogo.

Elemento incompatível: quiabo.

Ervas: peregum verde, são-gonçalinho, quitoco, mariô, lança-de-ogum, coroa-de-ogum, espada-de-ogum, canela-de-macaco, erva-grossa, parietária, nutamba, alfavaquinha, bredo, cipó-chumbo.

Essências: violeta.

Flores: cravos, crista de galo, palmas vermelhas.

Metal: ferro, aço e manganês.

Pedras: granada, rubi, sardio, lápis-lazúli, topázio azul.

Planeta: Marte.

Pontos da natureza/de força: estradas e caminhos, estradas de ferro, meio da encruzilhada.

Saudação: Ogum iê! ou Ogunhê! (Salve Ogum!)[5]

Símbolos: espada, ferramentas, ferradura, escudo, lança.

Sincretismo: São Jorge, Santo Antônio.

---

5. Patacori!: Saudação a Ogum. Significa "Cabeça coroada!" ou "Aquele que corta cabeças!". A segunda acepção pode parecer violenta, mas na Umbanda, cada vez se entende mais que Ogum corta o Ori dos pensamentos velhos, para que o Ori renovado cresça, se desenvolva.

Mitologia dos Orixás

Em Ifé, Orixás e seres humanos conviviam, caçavam e plantavam com instrumentos de madeira, metal mole ou pedra.

A população cresceu de tal forma que começou a escassear alimento.

Os Orixás se reuniram para deliberar sobre o aumento da lavoura.

Ossaim se dispôs a limpar o terreno, porém seu instrumento de trabalho não tinha a firmeza suficiente, era de metal mole.

Assim aconteceu com os demais Orixás.

Ogum, que conhecia o segredo do ferro, manteve-se calado.

Quando os demais Orixás haviam tentado, sem sucesso, limpar o terreno, Ogum, com seu facão de ferro, conseguiu realizar a tarefa.

Todos ficaram admirados. Ogum revelou que havia recebido de Orumilá o segredo do ferro.

Ogum tornou-se rei e, em troca, ensinou aos Orixás e aos homens o segredo do ferro, importante para a agricultura, a caça e a guerra.

Mesmo rei, Ogum continuou um caçador, a embrenhar-se na mata.

Certa ocasião voltou da floresta, depois de muitos dias, sujo, sendo, então, desprezado pelos Orixás, que resolveram não tê-lo mais como rei.

Ogum, então, banhou-se, vestiu-se com mariô (folhas de palmeiras desfiadas) e partiu, com suas armas, para Irê.

Contudo, os humanos não o esqueceram e sempre o celebram como senhor do ferro.

Orixá da tecnologia, da cultura (tudo o que é criado pelo homem), Ogum é patrono do progresso e do aprendizado humano.

Ogum havia partido para uma de tantas guerras das quais voltava vitorioso. Chegou a Irê, sua cidade, faminto e com sede, contudo ninguém parecia notar sua presença, falando com ele ou mesmo olhando em seus olhos.

A cidade toda guardava silêncio ritual, mas Ogum não se deu conta disso. Sentindo-se ofendido, sacou sua espada e cortou a cabeça dos filhos de seu próprio povo.

Quando o período de silêncio terminou, o filho de Ogum e súditos que sobreviveram à matança, vieram prestar-lhe homenagens. Ogum, então, se deu conta do engano e não se deu mais sossego.

Achando que não podia mais ser rei, cravou sua espada no chão, que se abriu e o engoliu.

Ogum foi para o Orum e, assim, tornou-se Orixá.

Com sua ira incontida, Ogum encontra sua sombra, contudo não se deixa paralisar pela dor e galga novo degrau evolutivo, tornando-se Orixá. Sacraliza-se, diviniza-se, assim, por meio do aprendizado doloroso, integrando sua sombra e sua luz, para poder adentrar num novo reino.

Ogum vivia com seus irmãos Exu e Oxóssi em casa de seu pai, Obatalá, e sua mãe, Iemanjá. Sentindo-se atraído por sua

mãe, tentou violentá-la diversas vezes, no que era impedido pelos irmãos.

Um dia o próprio pai o surpreendeu numa de suas tentativas. Antes que Obatalá o castigasse, Ogum pediu que deixasse que ele mesmo escolhesse seu castigo.

Assim, passou a viver solitário, inclusive sem os cães, que tanto adorava, apenas trabalhando. Apenas Oxóssi sabia de seu paradeiro. Contudo, Ogum preparava pós especiais, e o mundo todo acabou por conhecer seu talento.

Um dia, Oxum chegou a sua casa, e Ogum, tendo experimentado seus encantos, dela se enamorou.

Revogou-se, assim, seu castigo.

Outro relato que trata da integração de sombras e luz da personagem, por meio de aprendizado doloroso e solitário. O tema do tabu do incesto e de tentativas (concretizadas ou não) de ultrapassá-lo aparece nos itãs de diversos Orixás.

Pontos cantados/MPB dos Orixás

Querem destruir o meu reinado
Mas Ogum tá de frente
Mas Ogum tá de frente
Eu sou filho de Ogum
Tenho o meu corpo fechado
Eu sou filho de Ogum
Mal nenhum vai virar pro meu lado

Quando Oxalá criou a Umbanda
Ogum tomou conta do congá (2X)
Olhe os espinhos da roseira, Ogum iê
Não deixe seus filhos sofrer, Ogum Megê (2X)

Os dois pontos cantados acima evidenciam Ogum como cavaleiro protetor, tradicionalmente o que vence demanda, protegendo os filhos das energias deletérias.

Ogum
(Zeca Pagodinho)

Eu sou descendente Zulu
Sou um soldado de Ogum
Um devoto dessa imensa legião de Jorge
Eu sincretizado na fé
Sou carregado de axé
E protegido por um cavaleiro nobre

Sim vou à igreja festejar meu protetor
E agradecer por eu ser mais um vencedor
Nas lutas nas batalhas
Sim vou ao terreiro pra bater o meu tambor
Bato cabeça firmo ponto sim senhor
Eu canto pra Ogum

Ogum
Um guerreiro valente que cuida da gente que sofre demais

Ogum
Ele vem de Aruanda ele vence demanda de gente que faz

103

Ogum
Cavaleiro do céu escudeiro fiel mensageiro da paz

Ogum
Ele nunca balança ele pega na lança ele mata o dragão

Ogum
É quem da confiança pra uma criança virar um leão

Ogum
É um mar de esperança que traz abonança pro meu coração

Cowboy Jorge
(Jorge Benjor)

Toca Toca Toca Jorge
Toca Toca Toca Jorge
Ogum [Ogum] Ogum [Ogum] Ogum [Ogum]

Dia 23 continua sendo
Dia de cowboy Jorge
Dia 23 continua sendo
Dia de cowboy Jorge

Na terra, no mar, na terra, no ar
Na terra, no mar, na terra, no ar

Jorge toca com 23 tambores
Jorge toca pra 23 amores
Jorge toca com 23 batuqueiros
Jorge toca para 23 terreiros

Na terra, no mar, na terra, no ar
Na terra, no mar, na terra, no ar

Jorge toca para Deus e para os Santos
Toca pra as crianças e para os anjos
Toca para seu amigo que sofre do coração
Toca para o bem geral da nação

Toca para alegria dominical
Toca para o homem e o animal
Toca para um gol de placa
Para a sensualidade da sua amada

Na terra, no mar, na terra, no ar
Na terra, no mar, na terra, no ar

Jorge toca para a lua e para o sol
Toca para a chuva e para o vento
Toca para o acontecimento do nascimento
Dessa criança dessa esperança
Dessa bonança salve essa criança

Na terra, no mar, na terra, no ar
Na terra, no mar, na terra, no ar

Toca Toca Toca Jorge
Toca Toca Toca Jorge
Ogum [Ogum] Ogum [Ogum] Ogum [Ogum]

Ogum de ronda

(Roque Ferreira e Paulo César Pinheiro)

Na ronda de Ogum
Meu Santo protetor
Com o poder de sua espada
Eu defendo meu amor
É o guardião da Terra
O maior dos Orixás
Ogum é o deus da guerra
Mas guerreia pela paz
Onde eu for que o mal se esconda
E não saia de onde está
Porque eu tenho Ogum de Ronda
No clarão do meu olhar.

Tem samba no mar

(Roque Ferreira e Paulo César Pinheiro)

O cavalo de São Jorge foi passear na areia
Vamos fazer samba que o santo guerreiro hoje está na aldeia
Tem samba no mar, sereia
Tem samba no mar, sereia
Oi, tem samba no mar, sereia
Tem samba no mar sereia

É que diz o povo
Que hoje a poliça não contrareia
Tem samba no mar, sereia
Tem samba no mar, sereia

Quando o cavalo de São Jorge corcoveia
O que é que cai de seu alforje, lua cheia
Luz que alumeia quem samba na beira do mar, sereia
Luz que clareia no samba só me faz lembrar candeia

Vem sambar, que tem samba no mar
Vem sambar que tem samba no mar
Não vadeia quelé Clementina, não vadeia

Eu queria poder pegar na cintura dela
Eu queria poder pegar na cintura dela
Mas seu namorado está de olho nela
Mas seu namorado está de olho nela

O cavalo de São Jorge foi passear na areia
Vamos fazer samba enquanto o cavalo de ogum passeia
Tem samba no mar, sereia
Tem samba no mar, sereia
Oi, tem samba no mar, sereia
Tem samba no mar, sereia...

Na Música Popular Brasileira, Ogum sincretizado com São Jorge figura como o grande cavaleiro protetor, defensor, força potente a isolar e proteger de energias negativas, abrindo os caminhos de todos e permitindo/auxiliando a caminhar com mais firmeza.

Sincretismo

SÃO JORGE: (23 de abril) – Mártir da fé cristã no século IV, cavaleiro da Capadócia que, segundo a lenda, teria vencido um dragão.

Ossaim

Orixá das plantas e das folhas, presentes em nas mais diversas manifestações do culto aos Orixás, é, portanto, fundamental. Célebre provérbio dos terreiros afirma "Ko si ewé, ko si Orisà", o que, em tradução livre do iorubá significa "Sem folhas não há Orixá". Em algumas casas é cultuado como iabá (Orixá feminino). Alguns segmentos umbandistas trabalham com Ossaim, enquanto elemento masculino, e Ossanha, como elemento feminino.

Juntamente com Oxóssi, rege as florestas e é senhor dos segredos medicinais e magísticos do verde. Representa a sabedoria milenar pré-civilizatória, a relação simbiótica do homem com a natureza, em especial com o verde.

Seja na Umbanda (onde na maioria das casas seu culto foi amalgamado ao de Oxóssi e dos Caboclos e Caboclas), no Candomblé (onde a figura do Babalossaim e do Mão-de-Ofá representaria um estudo à parte) ou em outra forma de culto aos Orixás, o trato com as plantas e folhas é de extrema importância para a os rituais, a circulação de Axé e a saúde (física, psicológica e espiritual) de todos.

Características

Animais: pássaros.
Bebidas: sucos de frutas.
Cores: verde e branco.
Comidas: abacate, banana frita, bolos de feijão e arroz, canjiquinha, milho cozido com amendoim torrado, inhame, pamonha, farofa de fubá.
Contas: contas e miçangas verdes e brancas.
Corpo humano e saúde: artrite, problemas ósseos, reumatismo.
Dia da semana: quinta-feira.

Elemento: terra.

Elementos incompatíveis: ventania, jiló.

Ervas: manacá, quebra-pedra, mamona, pitanga, jurubeba, coqueiro, café.

Flores: flores do campo.

Metais: estanho, latão.

Pedras: amazonita, esmeralda, morganita, turmalina verde e rosa.

Pontos da natureza: clareiras das matas.

Saudação: Eue ô! ou Ewe ô! (Salve as folhas!)

Símbolos: ferro com sete pontas, com um pássaro na ponta central (representação de uma árvore de sete ramos, com um pássaro pousado nela).

Sincretismo: São Benedito.

Mitologia dos Orixás

Ossaim era o senhor absoluto das folhas, filho de Nanã e irmão de Euá e Obaluaê. Curava e tratava com as ervas, com banhos, chás, pomadas e outros procedimentos.

Xangô achou que todos os Orixás deveriam conhecer os segredos das ervas. Ossaim preferiu não dividir nem o segredo nem as folhas com os demais Orixás. Então Xangô mandou Iansã fazer o vento trazer as folhas de Ossaim para o palácio, a fim de serem divididas entre os Orixás.

Quando o furacão de Iansã funcionou, Ossaim ordenou que as folhas voltassem para a mata, o que aconteceu. As folhas que ficaram no palácio de Xangô perderam a força vital, o axé. Xangô admitiu a derrota para Ossaim. Admitiu também que as folhas deveriam ficar aos cuidados de Ossaim.

Ossaim, porém, deu a cada Orixá uma folha com seus segredos, seus encantamentos. Contudo, os maiores segredos, Ossaim não revelou a ninguém.

Ossaim nasceu e não recebeu roupa alguma dos pais, andando sempre nu. Ao crescer, fugiu para a floresta, onde vivia escondido e coberto com folhas. Ali, aprendeu uma série de encantamentos.

Ressentido, jogou um encantamento contra o pai, que adoeceu. Foi, então, procurado para saber como o pai poderia ser curado. Disse que lhe entregassem uma roupa, uma calça e um gorro do pai. Assim foi feito, o pai ficou curado e Ossaim passou a andar vestido.

Depois preparou um encantamento contra a mãe, que passou a ter dores de barriga. Novamente Ossaim foi procurado e pediu que lhe entregassem um pano com listras brancas, pretas e vermelhas. Atendido o pedido, sua mãe foi curada.

Um dia Ossaim teve um filho e, pensando que o filho lhe pudesse fazer o mesmo que havia feito a seus pais, Ossaim o matou, queimou seu corpo e guardou o pó preto resultante da queima. Com esse pó, tempos depois, curou o rei, passando a viver a seu lado, comungando de suas riquezas.

Os Orixás não mais atendiam aos pedidos dos seres humanos. Então, resolveram organizar festas para os Orixás, homenageando-os um a cada semana.

Um dia, um babalaô anunciou que haveria surpresas.

Na homenagem a Ossaim, apareceu um homem desconhecido, com uma perna só, pelo visto, um nobre, que foi muito bem recebido. O homem vinha montado num antílope.

Os sacerdotes conversaram com ele sobre os problemas, mostraram-lhe em detalhes como era a vida no local.

Apesar de ter apenas uma perna, o homem dançou a noite toda.

Então, o antílope disse que era hora de irem. E foram.

Todos ficaram admirados de o animal falar e reconheceram Ossaim, que aprecia muito passar despercebido e causar surpresas.

Os homens esperavam que levasse seus pedidos aos demais Orixás.

O mago-médico é uma espécie de Quíron africano que, antes de mais nada e ao mesmo tempo, conforme os itãs, cura a si mesmo e se dedica à cura dos demais, embora sua própria cura não seja completa e as feridas permaneçam abertas (medo de que o filho reproduza nele, Ossaim, o mal que provocou em seus pais). Senhor dos segredos das folhas, a ele os Orixás respeitam por sua sabedoria e seu conhecimento.

Pontos cantados/MPB dos Orixás

Canto de Ossanha

(Vinícius de Moraes e Baden Powell)

O canto da mais difícil
E mais misteriosa das deusas
Do candomblé baiano
Aquela que sabe tudo
Sobre as ervas
Sobre a alquimia do amor"

Deaaá! Deeerê! Deaaá!

O homem que diz "dou"
Não dá!
Porque quem dá mesmo
Não diz!
O homem que diz "vou"
Não vai!
Porque quando foi
Já não quis!
O homem que diz "sou"
Não é!
Porque quem é mesmo "é"
Não sou!
O homem que diz "tou"
Não tá
Porque ninguém tá
Quando quer
Coitado do homem que cai
No canto de Ossanha

Traidor!
Coitado do homem que vai
Atrás de mandinga de amor...

Vai! Vai! Vai! Vai!
Não Vou!
Vai! Vai! Vai! Vai!
Não Vou!
Vai! Vai! Vai! Vai!
Não Vou!
Vai! Vai! Vai! Vai!
Não Vou!...

Que eu não sou ninguém de ir
Em conversa de esquecer
A tristeza de um amor
Que passou
Não!
Eu só vou se for pra ver
Uma estrela aparecer
Na manhã de um novo amor...

Amigo sinhô
Saravá
Xangô me mandou lhe dizer
Se é canto de Ossanha
Não vá!
Que muito vai se arrepender
Pergunte pro seu Orixá
O amor só é bom se doer
Pergunte pro seu Orixá
O amor só é bom se doer...

Vai! Vai! Vai! Vai!
Amar!
Vai! Vai! Vai! Vai!
Sofrer!
Vai! Vai! Vai! Vai!
Chorar!
Vai! Vai! Vai! Vai!
Dizer!...

Que eu não sou ninguém de ir
Em conversa de esquecer
A tristeza de um amor
Que passou
Não!
Eu só vou se for pra ver
Uma estrela aparecer
Na manhã de um novo amor...

Vai! Vai! Vai! Vai!
Amar!
Vai! Vai! Vai! Vai!
Sofrer!
Vai! Vai! Vai! Vai!
Chorar!
Vai! Vai! Vai! Vai!
Dizer!... (2x)

Caracterizado na canção como deusa, Ossanha, cujo canto sedutor até o centro da floresta, conforme relatos mitológicos, faz as pessoas aí se perderem (talvez símbolo da perda da consciência nos mistérios insondáveis). Aqui Ossanha aparece com o canto do amor. Contudo, o verdadeiro amor é o que faz sofrer, não por masoquismo, mas porque não se consegue viver plenamente com a ausência da pessoa amada.

Salve a folhas

(Geronimo Santana)

Sem folha não tem sonho
Sem folha não tem vida
Sem folha não tem nada

Quem é você e o que faz por aqui
Eu guardo a luz das estrelas
A alma de cada folha
Sou Aroni

Kosi euê
Kosi Orixá
Euê ô
Euê ô Orixá

Sem folha não tem sonho
Sem folha não tem festa
Sem folha não tem vida
Sem folha não tem nada

Eu guardo a luz das estrelas
A alma de cada folha
Sou Aroni

O verde da fotossíntese (luz das estrelas) e do poder etéreo (a alma de cada folha) guardado por Aroni, do qual tratamos acima, sempre relacionado a Ossaim.

Sincretismo

SÃO BENEDITO: (05 de outubro) – Negro italiano, nascido no século XVI, seus pais eram descendentes de escravos. Humilde, trabalhava na cozinha do mosteiro e era muito inteligente e sábio, conhecendo a mente e o coração humanos. Talvez por isso o tenham associado a Ossaim (sabedoria e sensibilidade curadoras) e pelo trabalho na cozinha (contato com ervas).

Oxalá

Orixá maior, responsável pela criação do mundo e do homem. Pai de todos os demais Orixás, Oxalá (Orinxalá ou Obatalá) foi quem deu ao homem o livre-arbítrio para trilhar seu próprio caminho.

Possui duas qualidades básicas: Oxalufã (o Oxalá velho) e Oxaguiã (o Oxalá novo). Enquanto o primeiro é sincretizado com Deus Pai cristão, o segundo encontra correspondência com Jesus Cristo e, de modo especial, com Nosso Senhor do Bonfim. Também há uma correlação entre Oxalá e Jesus menino, daí a importância especial da festa do Natal para algumas casas.

Oxalá representa a sabedoria, a serenidade, a pureza do branco (o funfun), o respeito.

Características

Animais: caramujo, pombo branco.

Bebida: água, água de coco.

Chacra: coronário.

Cor: branco.

Comemoração: Festa do Senhor do Bonfim.

Comidas: canjica talvez seja sua comida mais conhecida; arroz-doce.

Contas: brancas leitosas.

Corpo humano e saúde: todo o corpo, em especial o aspecto psíquico.

Dias da semana: sexta-feira e domingo.

Elemento: ar.

Elementos incompatíveis: bebida alcoólica, dendê, sal, vermelho.

Ervas: a mais conhecida talvez seja o tapete-de-oxalá (boldo).

Essências: aloés, laranjeira e lírio.

Flores: brancas, especialmente o lírio.

Metal: ouro (para alguns, prata).

Pedras: brilhante, cristal de rocha, quartzo leitoso.

Planeta: Sol.

Pontos da natureza: praia deserta ou colina descampada.

Saudação: Epa Babá! (Salve Oxalá!)

Símbolo: opaxorô (cajado metálico de Oxalufá, com discos prateados paralelos em cujas bordas são colocados pequenos objetos simbólicos).

Sincretismo: Deus Pai, Jesus Cristo (em especial, Senhor do Bonfim).

Mitologia dos Orixás

Oxalá e Exu disputavam para ver quem era o Orixá mais antigo. Então, lhes foi proposta uma luta. Os dois foram até Ifá, contudo apenas Oxalá realizou oferendas.

Numa praça, em Ifé, no dia combinado, Oxalá derrubou Exu três vezes. Três vezes Exu se levantou.

Os que acompanhavam a luta diziam para Exu usar seus poderes mágicos. Então, Exu pegou uma pequena cabaça, abrindo-a na direção de Oxalá. Uma fumaça branca descoloriu a pele de Oxalá, que tentou, mas não conseguiu voltar à cor original.

O golpe da vitória foi de Oxalá, que obrigou Exu a lhe entregar a cabaça de onde saíra a fumaça branca. Exu assim o fez.

Assim, Oxalá foi aclamado vencedor. Para sempre ficou com a cabaça de Exu. Desde então, Oxalá passou a marcar seus devotos como albinos.

Oxalá perguntou a Ifá, por meio dos babalaôs, qual o melhor caminho para sua vida. Os babalaôs aconselharam a fazer uma oferenda com uma cabaça de sal e um pano branco para não sofrer dificuldades. Oxalá desconsiderou o conselho.

Enquanto Oxalá dormia, Exu entrou em sua casa e amarrou uma cabaça de sal nas costas de Oxalá, o qual, quando acordou pela manhã, estava corcunda.

Oxalá tornou-se protetor dos corcundas, dos aleijados e dos albinos e nunca mais consumiu sal.

Em África, sobretudo, afirma-se que albinos, corcundas e outros são regidos por Oxalá.

Oxalá era rei de Ejigbô e estava sempre guerreando e tinha um grande apetite. Comia pombos, caracóis e canjica, contudo seu prato predileto era o inhame. Como era demorado amassar o inhame, as refeições demoravam.

Então, Oxalá, após consultar os babalaôs e oferendar Exu, inventou o pilão. Pôde, assim, comer à vontade e dedicar-se à guerra. Ele, que já era conhecido por muitos nomes, também passou a ser chamado de Oxaguiã, ou seja, "Orixá que come inhame pilado".

O pilão é associado ao Orixá, e aparece como elemento simbólico em rituais como as celebrações das Águas de Oxalá.

Dois irmãos disputavam o reino do pai. O príncipe mais novo venceu a disputa e, conforme o costume, deveria matar o irmão, para evitar futuras vinganças. Por amar demais o irmão, não o matou, mas cortou-lhe o pênis, evitando, assim, que tivesse descendentes. E, para que o príncipe derrotado, não vivesse sozinho, deu-lhe uma esposa, porém costurou-lhe a vagina, a fim de não ter relações sexuais com outros homens.

O casal foi viver num lugar afastado, trabalhando para Oxaguiã. O homem cultivava os inhames e a esposa os pilava para Oxaguiã, que percebia o quanto o casal vivia triste.

No reino do irmão vencedor, a peste aniquilou a todos.

Oxaguiã, com pena do casal, abriu a vagina da mulher e fez um pênis para o homem com a massa do inhame. O casal manteve relações sexuais e teve muitos filhos.

Feito da massa do inhame, o pênis fica duro para as relações sexuais.

Em dias de preceito, homem e mulher não mantêm relações sexuais, em lembrança ao tempo em que não podiam sentir os prazeres do corpo e ter filhos, situação revertida pelo Orixá, que deve ser honrado, reverenciado.

Oxalá, Pai da Vida, aquele que formou o corpo humano também aparece aqui como patrono da reprodução.

Antes o mundo era cheio de água, um verdadeiro pântano, sem terra firme. No Orum (em tradução livre, "Plano Espiritual", "Céu") viviam, além de Olorum, os Orixás, que vez ou outra vinham ao Aiê (em tradução livre, "Terra") para brincar nos pântanos, descendo por teias de aranha. Até que um dia

Olorum chamou Oxalá, dizendo querer criar terra firme no Aiê, encarregando dessa tarefa o grande Orixá, a quem deu uma concha, uma pomba e uma galinha com cinco dedos em cada pé.

Então Oxalá desceu até o pântano e verteu a terra da concha, colocando sobre ela a pomba e a galinha, que começaram a ciscar, espalhando a terra da concha até se formar terra firme por toda parte. Oxalá foi até Olorum e lhe comunicou o resultado da tarefa. Olorum enviou um camaleão ao Aiê, o qual não pode andar no solo, pois ainda não era tão firme. O camaleão relatou a experiência a Olorum, tornou a voltar ao Aiê, onde encontrou terra realmente firme e ampla, podendo a vida aí se desenvolver.

O lugar ficou conhecido como Ifé ("ampla morada"). Oxalá prosseguiu em sua tarefa de criar o mundo e tudo o que ele contém.

Relato cosmogônico iorubá da criação do mundo. Obviamente há outras versões.

Pontos cantados/MPB dos Orixás

Pombinho branco
Pombinho que corta o ar
Meu Divino Espírito Santo
Mensageiro de Oxalá
Rezo esta prece
A Ti peço proteção
Para os filhos de Umbanda
Paz, Amor e União

Oxalá, meu Pai
Aceita esta romaria (2X)
Teus filhos que vêm de longe, meu Pai
Não podem vir todo dia (2X)

Na Umbanda, todos se reúnem sob as bênçãos de Oxalá, conforme registram os dois pontos cantados acima.

Toda sexta-feira

(Adriana Calcanhoto)

Toda sexta-feira toda roupa é branca
Toda pele é preta
Todo mundo canta
Todo céu magenta
Toda sexta-feira todo canto é santo
E toda conta
Toda gota
Toda onda
Toda moça
Toda renda
Toda sexta-feira
Todo o mundo é baiano junto

Na sexta-feira, o Povo de Santo, sobretudo os candomblecistas, vestem-se de branco. A cidade de Salvador adotou essa tradição, a qual, aliás, vem dos antigos haussás escravizados no Brasil.

Hino Do Senhor Do Bonfim

(Arthur de Salles e João Antônio Wanderley)

Glória a ti neste dia de glória
Glória a ti, Redentor, que há cem anos
Nossos pais conduziste à vitória
Pelos mares e campos baianos

Refrão
Desta sagrada colina
Mansão da misericórdia
Dai-nos a graça divina
da justiça e da concórdia

Glória a ti nessa altura sagrada
És o eterno farol, és o guia
És, senhor, sentinela avançada
És a guardo imortal da Bahia.

Aos teus pés que nos deste o direito
Aos teus pés que nos deste a verdade
Trata e exulta num férvido preito
A alma em festa da nossa cidade

O Hino foi composto em 1923. A respeito do Senhor do Bonfim, vide acima, quando se trata da relação sincrética entre Oxalá e o mesmo.

Sincretismo

SENHOR DO BONFIM: (Lavagem do Bonfim: terceira quinta-feira de janeiro). A devoção ao Senhor do Bonfim, em Salvador, destaca-se no século XVIII por uma promessa feita por um capitão de mar e guerra, que, cumprindo uma promessa, fez trazer uma imagem de Setúbal (Portugal). A imagem ficou na Igreja da Penha até 1754, quando foi transferida para a parte interna da Capela do Bonfim, que já estava pronta.

A Festa da Lavagem do Bonfim é um ritual sincrético que remonta às chamadas Águas de Oxalá, celebradas especialmente no Candomblé com ritual próprio.

Oxóssi

Irmão de Exu e Ogum, filho de Oxalá e Iemanjá (ou, em outras lendas, de Apaoka, a jaqueira), rei de Ketu, Orixá da caça e da fartura. Associado ao frio, à noite e à lua, suas plantas são refrescantes. Ligado à floresta, à árvore, aos antepassados, Oxóssi, enquanto caçador, ensina o equilíbrio ecológico, e não o aspecto predatório da relação do homem com a natureza, a concentração, a determinação e a paciência necessárias para a vida ao ar livre.

Rege a lavoura e a agricultura. Na Umbanda, de modo geral, amalgamou-se ao Orixá Ossaim no que toca aos aspectos medicinais, espirituais e ritualísticos das folhas e plantas. Como no Brasil a figura mítica do indígena habitante da floresta é bastante forte, a representação de Oxóssi, por vezes, aproxima-se mais do índio do que do negro africano. Não à toa, Oxóssi rege a Linha dos Caboclos, e o Candomblé, em muitos Ilês, abriu-se para o culto aos Caboclos, de maneira explícita, ou mesmo camuflada, para não desagradar aos mais tradicionalistas.

No âmbito espiritual, Oxóssi caça os espíritos perdidos, buscando trazê-los para a Luz. Sábio mestre e professor, representa a sabedoria e o conhecimento espiritual, com os quais alimenta os filhos, fortificando-os na fé.

Características

Animais: javali, tatu, veado e qualquer tipo de caça.
Bebida: água de coco, aluá, caldo de cana, vinho tinto.
Chacra: esplênico.
Cores: verde (azul celeste claro).
Comemoração: 20 de janeiro.
Comidas: axoxô, carne de caça, frutas.
Contas: verdes leitosas (azul turquesa, azul claro).

Corpo humano e saúde: aparelho respiratório.

Elemento: terra.

Elementos incompatíveis: cabeça de bicho (em cortes ou alimentos), mel, ovo.

Ervas: alecrim, guiné, vence-demanda, abre-caminho, peregum verde, taioba, espinheira-santa, jurema, jureminha, mangueira, desata-nó, erva-de-Oxóssi, erva-da-jurema.

Essência: alecrim.

Flores: flores do campo.

Metal: bronze, latão.

Pedras: amazonita, esmeralda, calcita verde, quartzo verde, turquesa.

Planeta: Vênus. Planeta do amor, do belo, da sedução, do encanto.

Pontos da natureza: matas.

Saudação: Okê Arô! (Salve o Rei, que fala mais alto!)

Símbolos: ofá (arco e flecha: símbolo do caçador), iruquerê. O iruquerê é símbolo da realeza de Oxóssi, o iruquerê, à maneira de mata-moscas, é feito de pelos de rabo de boi, em cabo de madeira ou metal. O vocábulo deriva do iorubá "ìrùkèrè", que se refere a insígnia de poder real e sacerdotal.

Sincretismo: São Sebastião (predomina na Umbanda), São Jorge (predomina no Candomblé).

Mitologia dos Orixás

Oxóssi e Ogum são irmãos. Ogum nutre por Oxóssi um carinho especial.

Uma ocasião em que Ogum voltava de uma batalha, encontrou Oxóssi cercado de inimigos que já haviam destruído quase toda a aldeia. Oxóssi estava paralisado e com medo.

Embora cansado, Ogum lutou em favor do irmão até o amanhecer.

Vencedor, tranquilizou Oxóssi, dizendo que sempre poderia contar com o auxílio do irmão.

Ensinou Oxóssi a caçar e a abrir caminhos na mata. Também o ensinou a defender-se e a cuidar de si e dos seus.

Com o irmão seguro, Ogum podia voltar a guerrear.

Fraternidade, irmandade, parceria são conceitos chaves para a compreensão profunda da humanidade desse relato.

Na comemoração anual da colheita de inhames, um grande pássaro pousou no telhado do palácio, assustando a todos. O pássaro havia sido enviado pelas Mães Ancestrais, que não haviam sido convidadas.

Para abater a ave, o rei chamou os melhores caçadores do reino, dentre eles Oxotogum, o caçador das vinte flechas; Oxotogi, o caçador das quarenta flechas; Oxotadotá, o caçador das cinquenta flechas. Todos erraram o alvo e foram aprisionados pelo rei.

Então, Oxotocanxoxô, o caçador de uma flecha só, auxiliado por um ebó votivo para as Mães Ancestrais/Feiticeiras, sugerido por um babalaô à mãe do caçador, disparou sua flecha e matou a ave.

Todos celebraram o feito. Honrarias foram concedidas ao caçador, que passou a ser conhecido como Oxóssi, isto é, "o caçador Oxô é popular".

Escolhas. Tiro certeiro vale mais do que fama, aparência. Além disso, observe-se a negação da ancestralidade, da *anima* causando impacto negativo. Como observou Carl Gustav Jung, "aquilo a que se resiste, persiste.".

Não se podia caçar naquele dia, dedicado às oferendas à Ifá.

Contudo, Oxóssi não se importou com isso e foi caçar.

Oxum, sua esposa, deixou o lar, pois não aguentava mais ver as desobediências do marido às interdições sagradas.

Na mata, Oxóssi ouviu um canto: "Não sou passarinho para ser morta por você...". O canto era de uma serpente, na verdade, Oxumaré.

Oxóssi não se importou e partiu a cobra com sua lança.

No caminho para a casa, continuou a ouvir o mesmo canto.

Cozinhou a caça e se fartou de comê-la.

No dia seguinte, pela manhã, Oxum retornou para ver como estava o marido e o encontrou morto. Ao seu lado, o rastro de uma serpente, que ia até a mata.

Oxum, então, procurou Orumilá e lhe ofereceu sacrifícios.

Orumilá deixou Oxóssi viver e lhe deu a função de proteger os caçadores.

Oxóssi era agora um Orixá.

Os interditos transgredidos trazem consequências. Uma delas é o amadurecimento por meio de experiências dolorosas que franqueiam uma nova realidade. No caso, Oxóssi se torna Orixá.

Pontos cantados/MPB dos Orixás

Eu vi chover, eu vi relampear
Mas mesmo assim o céu estava azul (2 X)
Afirma o ponto nas folhas da jurema
Oxóssi reina de norte a sul (2X)

Ele atirou
Ele atirou e ninguém viu (2 X)
Senhor Oxóssi é quem sabe
Onde a flecha caiu (2 X)

Oxóssi é Orixá da fartura, do conhecimento da espiritualidade. Os pontos cantados acima reforçam essas características.

Oxóssi

(Roque Ferreira)

Oxóssi, filho de Iemanjá
Divindade do clã de Ogum
É Ibualama, é Inlé
Que Oxum levou no rio
E nasceu Logunedé!
Sua natureza é da lua
Na lua Oxóssi é Odé Odé-Odé, Odé-Odé
Rei de Keto Caboclo da mata Odé-Odé.
Quinta-feira é seu ossé
Axoxó, feijão preto, camarão e amendoim

Azul e verde, suas cores
Calça branca rendada
Saia curta estampada
Ojá e couraça prateada
Na mão ofá, iluquerê
Okê okê, okê arô, okê.
A jurema é a árvore sagrada
Okê arô, Oxóssi, okê okê
Na Bahia é São Jorge
No Rio, São Sebastião
Oxóssi é quem manda
Na banda do meu coração

Sincretizado com São Sebastião (sobretudo na Umbanda) ou com São Jorge (sobretudo no Candomblé), Oxóssi é guerreiro, Orixá bastante popular no Brasil, com suas matas, fauna e flora riquíssimas, e ancestralidade construída pelos indígenas, na Umbanda amalgamados e/ou representados pelos Caboclos de Pena.

Sincretismo

SÃO SEBASTIÃO: (20 de janeiro) – Mártir da fé cristã, centurião que foi amarrado a um tronco e teve o corpo transpassado por flechas.

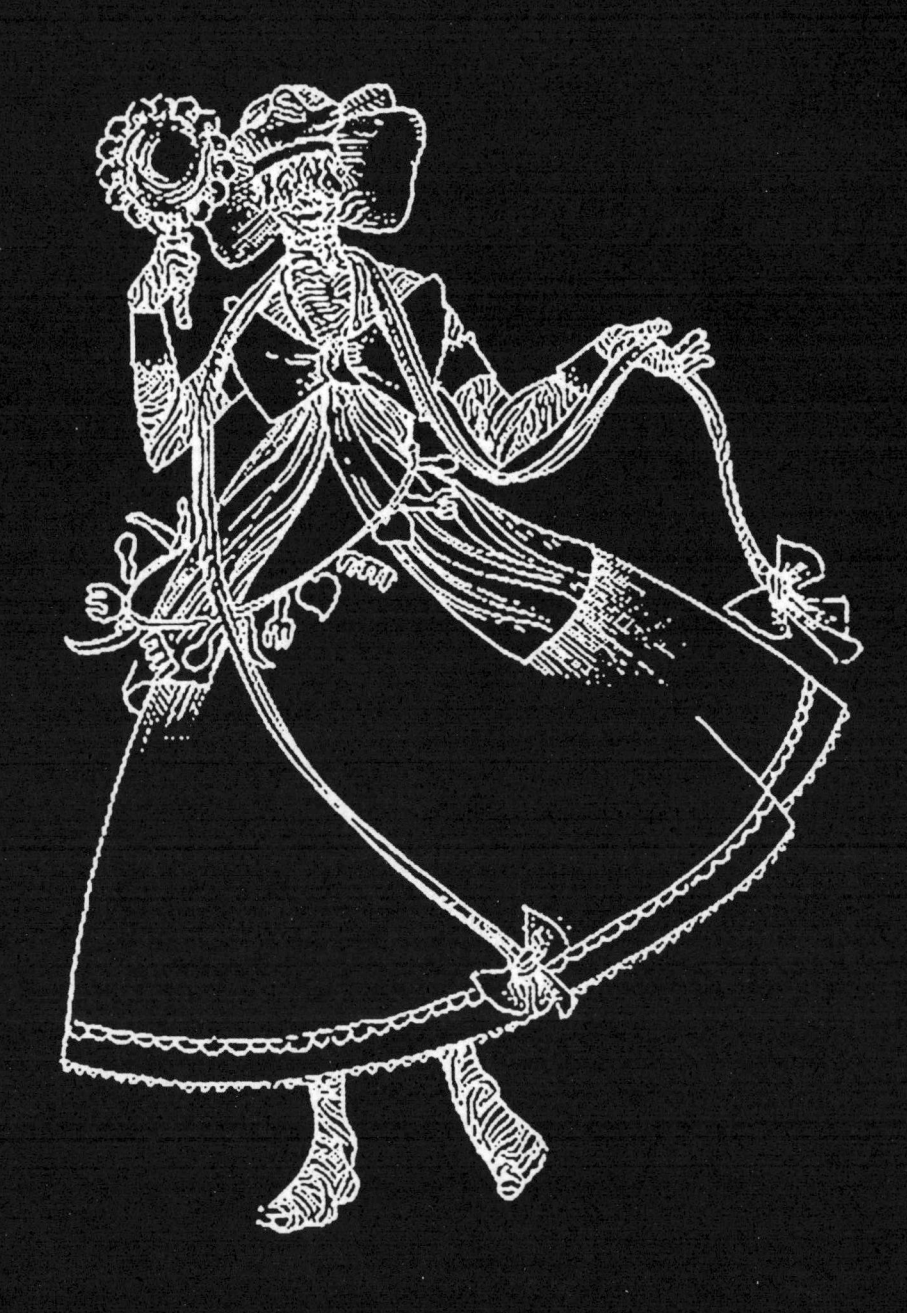

Oxum

Orixá do feminino, da feminilidade, da fertilidade, ligada ao rio de mesmo nome, em especial em Oxogbô, Ijexá (Nigéria). Senhora das águas doces, dos rios, das águas quase paradas das lagoas não pantanosas, das cachoeiras e, em algumas qualidades e situações, também da beira-mar. Perfumes, joias, colares, pulseiras, espelho alimentam sua graça e beleza.

Filha predileta de Oxalá e de Iemanjá, foi esposa de Oxóssi, de Ogum e, posteriormente, de Xangô (segunda esposa). Senhora do ouro (na África, cobre), das riquezas, do amor. Orixá da fertilidade, da maternidade, do ventre feminino, a ela se associam as crianças. Nas lendas em torno de Oxum, a menstruação, a maternidade, a fertilidade, enfim, tudo o que se relaciona ao universo feminino, é valorizado. Entre os iorubás, tem o título de Ialodê (senhora, "lady"), comandando as mulheres, arbitrando litígios e responsabilizando-se pela ordem na feira.

Segundo a tradição afro-brasileira mais antiga, no jogo dos búzios, é ela quem formula as perguntas, respondidas por Exu. Os filhos de Oxum costumam ter boa comunicação, inclusive no que tange a presságios. Oxum, Orixá do amor, favorece a riqueza espiritual e material, além de estimular sentimentos como amor, fraternidade e união.

Características

Animal: pomba rola.
Bebida: champanhe.
Chacra: umbilical.
Cor: azul (amarelo).
Comemoração: 08 de dezembro.

Comidas: banana frita, ipeté, omolocum, moqueca de peixe e pirão (com cabeça de peixe), quindim.

Contas: cristal azul (amarelo).

Corpo humano e saúde: coração e órgãos reprodutores femininos.

Dia da semana: sábado.

Elemento: água.

Elementos incompatíveis: abacaxi, barata.

Ervas: colônia, macaçá, oriri, santa-luzia, oripepê, pingo-d'água, agrião, dinheiro-em-penca, manjericão branco, calêndula, narciso, vassourinha (menos para banho), erva-de-santa-luzia (menos para banho), jasmim (menos para banho).

Essências: lírio, rosa.

Flores: lírio, rosa amarela.

Metal: ouro.

Pedras: topázio (azul e amarelo).

Planetas: Lua, Vênus.

    Lua: associada a ciclos (em especial ao feminino). Vale lembrar que uma pessoa desequilibrada psíquica e emocionalmente é chamada de "lunática", enquanto alguém distraído, isto é, cujo pensamento plane por outras paragens, é conhecido por "aluado (a)".

    Vênus: Planeta do amor, do belo, da sedução, do encanto, características facilmente reconhecíveis em Oxum.

Pontos da natureza: cachoeira e rios.

Saudação: Ora ye ye o! A ie ie u! (Salve, Mãe das Águas!)

Símbolos: cachoeira, coração (símbolo universal do amor) e abebê: leque metálico de latão (o de Oxum), que geralmente traz espelho. Símbolo da beleza, da vaidade, dos encantos de Oxum.

Sincretismo: Nossa Senhora Aparecida, Nossa Senhora das Cabeças, Nossa Senhora da Conceição, Nossa Senhora de Fátima, Nossa Senhora de Lourdes, Nossa Senhora de Nazaré.

Mitologia dos Orixás

Oxalá tinha três mulheres, sendo a principal uma filha de Oxum. As outras duas nutriam grande ciúmes da filha de Oxum, a qual cuidava dos paramentos e das ferramentas de Oxalá.

Sempre buscando prejudicar a filha de Oxum, um dia em que as ferramentas de Oxalá secavam ao sol enquanto a filha de Oxum cuidava de outros afazeres, as outras duas esposas os pegaram e os jogaram ao mar. A filha de Oxum ficou inconsolável.

Uma menina que era criada pela filha de Oxum tentou consolá-la, porém nada animava a principal esposa de Oxalá. Ouvindo um pescador passando pela rua apregoando seus peixes, a filha de Oxum pediu para a menina comprar alguns para a festa que se organizava. Quando os peixes, foram abertos, ali estavam as ferramentas de Oxalá.

As outras duas esposas de Oxalá não desistiram de prejudicar a filha de Oxum e armaram novo estratagema.

No dia da festa, ao lado do trono de Oxalá, à sua direita, estava a cadeira da esposa principal. Em dado momento, quando ela se ausentou, as outras duas esposas colocaram na cadeira um preparado mágico. Quando a esposa principal de Oxalá se sentou, percebeu que estava sangrando e saiu em disparada. Oxalá, indignado por ela haver quebrado um tabu, expulsou-a.

A filha de Oxum, então, foi à casa de sua mãe, em busca de auxílio. Oxum preparou-lhe um banho de folhas numa bacia. Depois do banho, envolveu a filha em panos limpos e a pôs para descansar numa esteira. A água da bacia, vermelha, havia se transformado nas penas ecodidé, raras e preciosas.

Oxalá gostava muito dessas penas, contudo tinha dificuldade em encontrá-las. Ouviu dizer que Oxum tinha essas penas, pois a filha de Oxum andara aparecendo em algumas festas ornada com penas ecodidé. Foi, então, à casa de Oxum, onde encontrou a própria esposa, a quem reabilitou.

Então, Oxalá colocou uma pena vermelha em sua testa e decretou que, a partir daquele dia, os iniciados passariam a usar uma pena igual em suas testas, ornando as cabeças raspadas e pintadas, para que os Orixás mais facilmente os identificassem.

Um dos mais lindos itãs a respeito do feminino e da compreensão de seus ciclos por parte do masculino. Note-se que Oxalá, para quem o vermelho é tabu, acaba por incorporar essa cor, em respeito ao feminino.

Um dia Orumilá saiu para um passeio, acompanhado de seu séquito. Pelo caminho, encontrou outro séquito no qual se destacava uma linda mulher. Enviou, então, Exu, seu mensageiro, para saber quem era ela. A mulher se identificou como Iemanjá, rainha das águas esposa de Oxalá.

Exu repassou a informação a Orumilá, que solicitou que ela fosse convidada para seu palácio. Iemanjá não atendeu ao convite de pronto, mas um dia foi ao palácio de Orumilá, de onde voltou grávida e deu à luz uma linda menina.

Iemanjá tinha outros filhos com seu marido. Então, Orumilá enviou Exu para comprovar se a menina seria sua filha. O mensageiro verificou se ela teria mancha, marca ou caroço na cabeça. Conforme as marcas de nascença, a paternidade foi comprovada e atribuída a Orumilá.

A menina foi, então, levada para viver com o pai, que lhe satisfazia as vontades, os caprichos, cobrindo-a de dengos. Essa menina é Oxum.

Relato que explica os dengos e as delícias de Oxum.

Desde o início do mundo os Orixás masculinos decidiam tudo, porém excluíam as mulheres. Como Oxum não se conformava com essa atitude, deixou as mulheres estéreis. Os homens foram consultar Olorum, que os aconselhou a convidar Oxum e as outras mulheres para participarem das reuniões e decisões. Assim fizeram, e as mulheres voltaram a gerar filhos.

O feminino, complementar ao masculino, forma a dualidade de onde brota e viceja a síntese da criação.

Oxum para crianças

Este texto, eu o escrevi para crianças, num ciclo de narrativas e relatos sobre Iabás.

Oxum é menina que gosta de rios e cachoeiras, sempre dengosa, bem-vestida, aprumada. Adora arrumar os cabelos ao som das águas e se olhar no espelho para ver como está o penteado.

Por onde Oxum passa os peixes também navegam, trazendo um colorido para as águas. Oxum senta-se nas pedras e, com os pés na água, acaricia o dorso dos peixes.

Gosta de dançar na areia, à luz da lua. Pisa mansinho, miudinho, quase não se escutam seus passos.

Os pássaros comem em suas mãos, pois aí se sentem em casa. Sentem também o amor e a doçura de Oxum. Ela gosta de alegria, música, poesia, festa. Quer ver Oxum contente é convidá-la pra uma festa!

Oxum também gosta muito de flores, em especial as amarelas. Imagine sua alegria quanto vê um campo de girassóis! Seus amigos costumam fazer a seguinte surpresa: preparam um balaio bem bonito com flores e vão devagarinho até a beira do rio, colocam o balaio nas águas, batem palmas e cantam. Quando Oxum se vira para ver de onde vem tanta festa, o balaio segue a correnteza em sua direção, ela sorri e abre os braços para receber o presente. Todos ficam muito contentes. Outros preferem colocar rosas perto da cachoeira, que ela recolhe. Há também amigos que preferem plantar flores perto de uma cachoeira, para ela poder passear entre elas, até mesmo se sentar ali, ajeitar a roupa e, claro, alinhar os cabelos.

Quando Oxum caminha, na verdade ela dança! E não poderia ser diferente: o som de suas pulseiras convida o corpo a uma coreografia suave, ritmada.

Seu sorriso é sincero, acolhedor. Porém, como não existem apenas águas calmas, mas corredeiras fortes e rodamoinhos, Oxum também se zanga, em especial com toda a sujeira, todo o lixo jogado sem suas águas. Então seu olhar fica firme, ela bota a mão na cintura, bate o pezinho e aponta o dedo na direção dos sujismundos, pedindo que tomem mais cuidado com os rios, as nascentes, enfim com as águas. Ensina as crianças a não escovarem os dentes com a torneira aberta, a beberem água enquanto brincam e estudam, a não entrarem em águas onde não dá pé e a correnteza é braba.

No geral, Oxum resolve tudo na maior calma. Um dia alguém estava muito nervoso e queria discutir com Oxum.

Ela deixou a pessoa esperando um bocado de tempo enquanto arrumava os cabelos, ajeitava as pulseiras, enfim. Quando terminou de se arrumar, a pessoa já havia ido embora e nem estava mais irritada.

Oxum adora comer com os amigos, à beira d´água, curtindo a paisagem. Gosta muito de banana frita e ipeté (feito à base de inhame), omolucum (prato preparado com feijão fradinho), moqueca e pirão de peixe. De sobremesa, prefere quindim, aquele bem-feitinho, parecendo um sol.

Assim é Oxum, essa menina.

Pontos cantados/MPB dos Orixás

Eu vi Mamãe Oxum chorando
Foi uma lágrima que eu fui Apará (2X)
Ora iê iê, oh minha Mãe Oxum
Oh deixa a nossa Umbanda melhorar (2X)

Eu vi Mamãe Oxum na cachoeira
Senta na beira do rio (2X)
Colhendo lírio lírio ê, colhendo lírio lírio ah
Colhendo lírio pra enfeitar o seu congá (2X)

Associada às águas doces, às cachoeiras, por vezes chorando (lágrimas: pequenas cachoeiras que brotam dos olhos, da alma), Oxum é a mãe amorosa. No primeiro ponto há trocadilho entre o verbo "aparar" e a qualidade "Apará" de Oxum, guerreira, que, além do espelho carrega uma espada e caminha com Ogum e Iansã.

É d'Oxum

(Geronimo Santana/Vevé Calazans)

Nessa cidade todo mundo é d'Oxum
Homem, menino, menina mulher
Toda essa gente irradia a magia
Presente na Agua doce
Presente na agua salgada e toda cidade brilha
Presente na Agua doce
Presente na agua salgada e toda cidade brilha
Seja tenente ou filho de pescador
Ou importante desembargador
Se dar presente é tudo uma coisa só
A força que mora n'agua
Não faz distinção de cor
E toda cidade é d'Oxum
A força que mora n'agua
Não faz distinção de cor
E toda cidade é d'Oxum
É d'Oxum, é d'Oxum ô, é d'Oxum

Refrão
Eu vou navegar
Eu vou navegar nas ondas do mar eu vou
Navegar, eu vou navegar
Eu vou navegar nas ondas do mar eu vou
Navegar, eu vou navegar
Eu vou navegar nas ondas do mar eu vou
Navegar, eu vou navegar, é d'Oxum

"É d'Oxum" tornou-se verdadeiro hino da cidade de Salvador, não havendo festa pública, apresentação musical e outros em que não seja tocada, cantada, coreografada e acompanhada por todos.

Oração de Mãe Menininha

(Dorival Caymmi)

> *Ai! Minha mãe*
> *Minha mãe Menininha*
> *Ai! Minha mãe*
> *Menininha do Gantois*
>
> *A estrela mais linda, hein*
> *Tá no Gantois*
> *E o sol mais brilhante, hein*
> *Tá no Gantois*
> *A beleza do mundo, hein*
> *Tá no Gantois*
> *E a mão da doçura, hein*
> *Tá no Gantois*
> *O consolo da gente, ai*
> *Tá no Gantois*
> *E a Oxum mais bonita hein*
> *Tá no Gantois*
>
> *Olorum quem mandou essa filha de Oxum*
> *Tomar conta da gente e de tudo cuidar*
> *Olorum quem mandou eô ora iê iê ô*

Ícone do Candomblé, conhecida por sua doçura, Menininha era filha de Oxum, da qualidade Mirim.[6]

O Canto de Oxum

(Vinicius de Moraes e Toquinho)

Nhem-nhem-nhem
Nhem-nhem-nhem-xorodô
Nhem-nhem-nhem-xorodô
É o mar, é o mar
Fé-fé xorodô...

Xangô andava em guerra,
Vencia toda a terra,
Tinha, ao seu lado, Iansã
Pra lhe ajudar.

Oxum era rainha,
Na mão direita tinha
O seu espelho, onde vivia
A se mirar.

---

6. Como relato em meu livro "xirê: orikais – canto de amor aos orixás", em minha infância, "eu ouvia fascinado minha mãe cantar os versos de 'Oração à Mãe Menininha': 'ai, minha mãe, minha mãe Menininha', pois achava tão sensível ela chamar a própria mãe, idosa e já desencarnada, de menininha. Não imaginava haver uma ialorixá com esse nome, esse apelido carinhoso. Também minha mãe usava em minha infância perfume de alfazema, aquele mesmo cheiro bom das festas de largo de Salvador que eu frequentaria anos depois, o mesmo com que gosto de perfumar minha Mãe Oxum.". Minha primeira ida ao Gantois se deu depois de várias estadas em Salvador, acompanhado por uma das idealizadoras do Memorial de Mãe Menininha, a restauradora Norma Cardins, a quem muito agradeço e quem costumo chamar de "dona da das ruas da Bahia", pelo acesso que me franqueia a lugares históricos, reservas técnicas de museus, festas e outros. De Norma recebi ainda o exemplar de "Memorial Mãe Menininha do Gantois", rico volume com seleta do acervo do Memorial, com a seguinte dedicatória: "Ele, esse exemplar, foi lançado no quarto dos santos antes do lançamento oficial. Tem, sim, muito Axé.".

Quando Xangô voltou,
O povo celebrou.
Teve uma festa que
Ninguém mais esqueceu.

Tão linda Oxum entrou,
Que veio o rei Xangô
E a colocou no trono
Esquerdo ao lado seu.

Iansã, apaixonada,
Cravou a sua espada
No lugar vago que era
O trono da traição.

Chamou um temporal
E, no pavor geral,
Correu dali, gritando
A sua maldição:
"Eparrei, Iansã!"

A canção recria a disputa entre Oxum e Iansã pelo amor de Xangô, retratada em tantos relatos mitológicos.

Quando o céu clarear

(Roque Ferreira)

Quando o céu clarear por cima do meu congado
Oxum vai descer com Xangô num cortejo dourado
Flor que a noite adormeceu vai despertar,
perfumar o Rio, a fonte, a lagoa e a beira do mar.
Oxum vai se banhar nos braços de Xangô quando céu
Clarear

Quando o céu clarear, quando o céu clarear, vou levar
Meu amor pra lá quando o céu clarear [refrão 2x]

O meu amor vai se iluminar quando o povo das águas
Chegar e a estrela de Oxum brilhar
Obá de Xangô vai batendo o tambor pra meu amor
Dançar.
Quando o céu clarear.

O amor de Oxum por Xangô, a relação entre a água e o fogo, a síntese entre esses dois elementos dão o tom dessa canção.

Sincretismo

NOSSA SENHORA APARECIDA: (12 de outubro) – A aproximação de Oxum com Nossa Senhora Aparecida se dá por diversos fatores, sobretudo porque aquela que é hoje a Padroeira do Brasil foi encontrada (imagem escurecida que foi associada à pele negra) no rio Paraíba, em 1717. Além disso, Nossa Senhora Aparecida, rainha, tem um manto salpicado de dourado, bem como uma coroa de ouro, que lhe foram acrescidos ao longo do tempo.

Oxumaré

Filho mais novo e preferido de Nanã, Oxumaré participou da criação do mundo, enrolando-se ao redor da terra, reunindo a matéria, enfim, dando forma ao mundo. Desenhou vales e rios, rastejando mundo afora. Responsável pela sustentação do mundo, controla o movimento dos astros e oceanos. Representa o movimento, a fertilidade, o continuum da vida: Oxumaré é a cobra que morde a própria cauda, num ciclo constante.

Oxumaré carrega as águas dos mares para o céu, para a formação das chuvas. É o arco-íris, a grande cobra colorida. Também é associado ao cordão umbilical, pois viabiliza a comunicação entre os homens, o mundo dito sobrenatural e os antepassados. Na comunicação entre céu e terra, entre homem e espiritualidade/ancestralidade, mais uma vez se observa a ideia de ciclo contínuo representada pelo Orixá, a síntese dialética entre opostos complementares.

Nos seis meses em que assume a forma masculina, tem-se a regulagem entre chuvas e estiagem, uma vez que, enquanto o arco-íris brilha, não chove. Por outro lado, o próprio arco-íris indica as chuvas em potencial, prova de que as águas estão sendo levadas para o céu para formarem novas nuvens. Já nos seis meses em que assume a porção feminina, tem-se a cobra a rastejar com agilidade, tanto na terra quanto na água.

Por evocar a renovação constante, pode, por exemplo, diluir a paixão e o ciúme em situações onde o amor (irradiação de Oxum) perdeu terreno. Nesse mesmo sentido, pode também diluir a religiosidade fixada na mente de alguém, conduzindo-o a outro caminho religioso/espiritual que o auxiliará na senda evolutiva.

Em determinados segmentos e casas de Umbanda, Oxumaré aparece como uma qualidade do Orixá Oxum.

Características

Animal: cobra.

Bebida: água mineral.

Chacra: laríngeo.

Cores: verde e amarelo, cores do arco-íris.

Comemoração: 24 de agosto.

Comidas: batata doce em formato de cobra, bertalha com ovos.

Contas: verde e amarelas.

Corpo humano e saúde: pressão baixa, vertigens, problemas de nervos, problemas alérgicos.

Dia da semana: terça-feira.

Elemento: água.

Elementos incompatíveis: água salgada, sal.

Ervas: colônia, macaçá, oriri, santa-luzia, oripepê, pingo-d´água, agrião, dinheiro-em-penca, manjericão branco, calêndula, narciso, vassourinha (menos para banho), erva-de-santa-luzia (menos para banho), jasmim (menos para banho).

Flores: amarelas.

Metal: latão (ouro e prata misturados).

Pedras: ágata, diamante, esmeralda, topázio.

Planetas: Lua e Vênus.

Lua: associada a ciclos (em especial ao feminino), o que nos remete à ouroborus, a cobra mordendo a própria cauda, em ciclo constante, à troca de pele da cobra, em constante renascer. Além disso, como Oxumaré, com relação ao corpo humano e à saúde, também é associado aos altos e baixos e à questão de nervos, vale lembrar que uma pessoa desequilibrada psíquica e emocionalmente é chamada de "lunática", enquanto alguém distraído, isto é, cujo pensamento plane por outras paragens, é conhecido por "aluado (a)".

Vênus: Planeta do amor, do belo, da sedução, do encanto, características facilmente reconhecíveis em Oxumaré.

Pontos da natureza: próximo de quedas de cachoeiras.

Saudação: Arribobô! Arroboboi! (Salve o arco-íris! ou Senhor das Águas Supremas!, dentre tantas possíveis acepções).

Símbolos: arco-íris, cobra, brajá, ibiri, tacará.

Arco-íris: Símbolo da prosperidade, da união entre Terra e Céu, no Antigo Testamento hebraico cristão o arco-íris é símbolo da aliança entre Deus e os seres humanos, isto é, entre o espiritual e o terreno.

Oxumaré, ao qual se relaciona o arco-íris por excelência, evoca suas 07 cores, num feixe de beleza e magnetismo, relacionado à evaporação das águas e sua volta ao solo, por meio da chuva.

Cobra: Em diversas culturas, a cobra é o símbolo da medicina e da cura, como no caduceu, espécie de bastão onde duas cobras se entrelaçam, representando a síntese dos opostos. Além disso, a cobra ou a serpente simbolizam a energia Kundalini, que se aloja no chacra básico e, desenvolvida, ascende ao chacra sublime, também conhecido como coronário.

Representa, ainda, ciclo, mutação, transformação, o que, no caso específico de Oxumaré, nos remete ao ciclo pluviométrico da chuva e ao arco-íris. Também a cobra é símbolo da bissexualidade, da androginia, sem preferirmos.

Ouroborus, oroboro ou uróboro é a serpente (ou dragão) que morde a própria cauda, representado a eternidade, o ciclo, a transformação.

A cobra de ferro é também uma ferramenta de Oxumaré.

Brajás ou Barajás: O brajá é um colar de longos fios montados de dois em dois, em pares opostos, ser usados a tiracolo e cruzando o peito e as costas. Simboliza a inter-relação do direito com o esquerdo, do masculino com o feminino, do passado e do presente.

Ibiri: Feixe de ramos de folha de palmeiras, com a ponta curvada e enfeitado com búzios, objeto e símbolo de Nanã. Há casas onde também Oxumaré carrega um ibiri.

Tacará: Pequena adaga que, por vezes, Oxumaré carrega.

Saudação: Há grafias diversas e variantes sonoras da saudação a Oxumaré, contudo a mais comum parece ser "Arroboboi!", que significa, conforme alguns segmentos, "Salve o arco-íris!". Para outros, "Senhor das Águas Supremas!", e assim se multiplicam os significados. A saudação se estende a todos os Voduns (correspondentes aos Orixás na Culto de Nação Jeje).

Sincretismo: São Bartolomeu.

Mitologia dos Orixás

Oxumaré não gostava da chuva. Toda vez que chovia muito, o Orixá apontava para o céu sua faca de bronze e espantava a chuva, fazendo brilhar o arco-íris.

Certa vez Olorum ficou cego, pediu ajuda a Oxumaré, que o curou. Contudo, Olorum temia ficar novamente cego e não deixou Oxumaré voltar à terra, determinando que deveria morar com ele no Orum. Oxumaré só viria à terra vez ou outra, a passeio.

Quando não é visto na terra, é visto no céu, com sua faca de bronze, com o arco-íris parando a chuva.

Relato que explica simbolicamente o arco-íris e seu brilho, bem como sua relação com a chuva, elemento que não agradava a Oxumaré e com o qual, por meio do arco-íris, dialeticamente se relaciona.

Oxumaré era babalaô do rei de Ifé. Contudo, não se via respeitado, como, aliás, acontecera com seu pai.

Então foi a um adivinho, que lhe ensinou um ritual de abundância, no qual deveria oferecer uma faca de bronze, quatro pombos e muitos búzios.

Enquanto fazia a oferenda, o rei mandou chamar Oxumaré, que disse que iria assim que terminasse o ritual. O rei não gostou da resposta e não pagou algo que devia a Oxumaré.

Ao retornar para casa, Oxumaré recebeu um recado da rainha Olocum, de um país vizinho, pedindo-lhe que curasse seu filho. Oxumaré, então consultou Ifá, fez as oferendas devidas e o filho de Olocum foi curado. Agradecida, Olocum deu a Oxumaré riquezas, escravos e um pano azul.

Quando voltou para casa, enriquecido, Oxumaré foi saudar o rei, que se admirou da prosperidade e riqueza de Oxumaré, que lhe explicou a origem de tudo. O rei, vaidoso por natureza, para não se sentir inferior a Olocum, deu a Oxumaré uma preciosa roupa vermelha e muitos presentes.

Assim, Oxumaré conquistou riqueza, prosperidade e respeito.

Semelhante atrai semelhante. Oxumaré, quanto mais próspero, mais prosperidade atraía, segundo o relato, fiel a suas obrigações.

Oxumaré era muito bonito e andava bem vestido, pois suas roupas tinham as cores do arco-íris e suas joias de ouro e bronze brilhavam. Homens e mulheres queriam se aproximar de Oxumaré e com ele se casar. Porém, ele era solitário,

introspectivo e preferia circular pelo céu, onde era visto em dias de chuva.

Xangô um dia viu Oxumaré passar radiante. Sabendo que não deixava ninguém se aproximar dele, decidiu capturá-lo. Convocou-o para uma audiência em seu palácio e, quando Oxumaré estava na sala do trono, os soldados fecharam portas e janelas, deixando Oxumaré e Xangô na mesma sala.

Oxumaré não poderia escapar, pois as saídas haviam sido trancadas por fora. Nesse meio tempo, Xangô tentava tomá-lo nos braços. Oxumaré, então, clamou por Olorum, que o ajudou: Oxumaré transformou-se em cobra, Xangô o soltou, tanto por nojo quanto por medo, e Oxumaré deslizou até uma fresta entre a porta e o piso e fugiu.

Tempos depois, transformados em Orixás, Oxumaré ficou encarregado de levar água do Aiê para o palácio de Xangô, no Orum, contudo Xangô não pode se aproximar de Oxumaré.

Único, singular, Oxumaré brilha solitário. Por saber rastejar na terra, é capaz de figurar no céu (opostos complementares). Xangô, embora servido por Oxumaré, dele não pode se aproximar (para Xangô, neste caso, não ocorre a síntese entre os opostos complementares).

Euá buscava um lugar para viver.
Chegando às cabeceiras dos rios, aí fez sua morada.
Foi surpreendida pelo arco-íris e por ele se apaixonou.
Era Oxumaré.
Euá com ele se casou.
Passou a viver com o arco-íris.

A relação entre a água que evapora e se torna chuva, o encanto do arco-íris, a conjugação de elementos afins, que se complementam. Não à toa, para alguns segmentos religiosos, Euá é cobra-fêmea, Oxumaré é cobra-macho, tal a complementaridade entre ambos.

Nanã teve dois filhos, Oxumaré e Omulu.
Oxumaré era lindo, Omulu era feio.
Então, Nanã cobriu Omulu com palhas para que não fosse visto e ninguém risse dele.
Quanto a Oxumaré, que tinha a beleza do homem, da mulher e das cores, Nanã o elevou até o céu e aí o pregou, onde pode ser admirado em suas cores, quando o arco-íris vem com a chuva.

Note-se que tanto o filho escondido quanto o filho belo figuram em solidão e distante dos demais, inclusive da própria mãe. Oxumaré e Omulu representam duas situações distintas, contudo mais semelhantes do que à primeira vista podem parecer.

Pontos cantados/MPB dos Orixás

Seguem abaixo alguns pontos cantados em que ora Oxumaré ou Oxumarê figura ora como Pai, ora como qualidade de Oxum, conforme visto acima.

Destaque-se a presença de Angorô (Inquice correspondente a Oxumaré) e Dandaluna (ou Dandalunda, Inquice correspondente a iemanjá ou Oxum, neste contexto, certamente a esta última).

Maré, maré, maré
Maré, maré, maré oxum maré
ele gira no tempo, gira no sol
com as cores do arco íris
e a claridade do sol
tempo ele é cobra tempo ele é mulher
é Orixá da natureza ele é Oxum maré

Com seu arco-íris ele renova (Bis)
ele é o pai da renovação
fonte de luz ele renova
pai Oxumarê rê rê rê rê pai Oxumarê pra nos proteger
estamos a saldar
aro boboi aro boboi pra nos proteger

Oxumarê é o rei
ô que nos astros mora
Venha ver seus filhos
Que tanto te adoram
Aiê Aia dandaluna
Danda la sedunda
Olanda luna se e se (Bis)
Cadê aquela cobra que eu mandei buscar
É jarecuçu é cobra coral

Eu vejo um arco-íris
Eu vejo um tesouro
É uma cobra
Toda feita de ouro (Bis)
aroboboi aroboboi
É cobra
Toda feita de ouro.

A bandeira de Oxumarê é tão bonita
Cobre o céu em formoso
Arco-íris
É celestial é aroboboi
Oxumarê é celestial

Me lava...
Me lava...
Me lava nas suas águas Oxumarê
Me lava
As águas da cachoeira têm magia tem poder
Me lava nas suas ó meu Pai Oxumarê.

Olhei pro céu ôô
O sol brilhou ôô
O arco-íris apareceu
Anunciando que Oxumarê chegou

Abençoava todos filhos seus
Sete cores têm seu arco-íris
Sete pedidos você faça
E quando alcançar
Vai no mar...
Agradecer a Oxumarê

Oxumarê
Tatê, Oxumarê
Ele é maré
Tatê, Oxumarê.
Oxumarê ta kerê
Oh ta kerê
Oh ta Kerê.
Quebra cabaça Angorô (Bis)
Dandaluna aqui chegou

Nas águas serenas da lagoa
uma estrela apareceu
e foi como num sonho
a estrela desapareceu
em seu lugar eu vi
uma cobra das águas aparecer
formou-se arco-íris
eu gritei para ele me valer
Oxumarê venha me socorrer!

Dizem que Xangô
Mora nas pedreiras
Mas não é lá sua morada verdadeira (2 X)
Xangô mora numa cidade de luz
Onde mora Santa Bárbara, Oxumaré e Jesus (2 X)

Olha eu
Olha eu, Mamãe Oxum (2 X)
Olha eu, Mamãe Oxum
Olha eu, Oxumaré (2 X)

Ponto de Nanã

(Roque Ferreira)

Oxumarê me deu dois barajás
Na festa de Nanã Burukô
A velha deusa das águas
Quer mungunzá[7]
Seu ibiri enfeitado com fitas e búzios

Um ponto pra assentar
Mandou cantar
Ê salubá!

---

7. Prato à base de milho branco. Espécie de mingau.

Ela vem no som da chuva
Dançando devagar seu ijexá
Senhora da Candelária, abá
Pra toda a sua nação iorubá

Embora a canção seja dedicada a Nanã, é interessante notar a presença de Oxumaré, a distribuir axé por meio do presente oferecido ao eu-lírico: os dois barajás ou brajás.

O fato de a canção, gravada por diversos ícones da MPB, se chamar "Ponto de Nanã" é bastante significativo para corroborar a simbiose entre pontos cantados e MPB, em mão dupla, conforme visto acima.

Nação

(João Bosco, Paulo Emílio, Aldir Blanc)

Dorival Caymmi falou para Oxum:
com Silas tô em boa companhia.
O Céu abraça a Terra,
deságua o Rio na Bahia.

Jeje
minha sede é dos rios
a minha cor é o arco-íris
minha fome é tanta
planta flor irmã da bandeira
a minha sina é verde amarela
feito a bananeira.

Ouro cobre o espelho esmeralda
no berço esplêndido,
a floresta em calda,
manjedoura d'alma
labarágua, sete queda em chama,
cobra de ferro, Oxumaré:
homem e mulher na cama.

Jeje
tuas asas de pomba
presas nas costas
com mel e dendê
aguentam por um fio.

Sofrem
o bafio da fera,
o bombardeiro de caramuru,
a sanha de Anhanguera.

Jeje
tua boca do lixo
escarra o sangue
de outra hemoptise
no canal do Mangue.

O uirapuru das cinzas chama:
rebenta a louca, Oxumaré:
dança em teu mar de lama.

Esta riquíssima canção contém uma série de referências a Oxumaré.

Oxumaré, cujo símbolo é um arco-íris, é também representado por uma cobra, é Orixá que vem do antigo Daomé. Daí o cobra de ferro, o homem e mulher, o casal como androginia. Jeje é nome genérico de uma nação de Candomblé, também de origem daomeana. Oxumaré e Pai da Nação Jeje.

Labarágua: labareda + água, a junção dos contrários, dos opostos complementares, como homem e mulher. Mel adoça; dendê aquece: novamente dualidade, ambiguidade, que se resolvem em androginia sintética.

Terra, mangue, cinzas, lama: ainda que diluída, a aparece a imagem de Nanã, mãe de Oxumaré, também de origem daomeana, Orixá da lama, da terra com a qual se fez o corpo humano e para a qual o corpo volta.

Sincretismo

SÃO BARTOLOMEU: (24 de agosto) – Bartolomeu é citado nos Evangelhos nas quatro enumerações dos Apóstolos. "Bar Tholmai" é filho de Tholmai ("tholmai" é "arado" ou "agricultor"). O Evangelho de João não traz o nome Bartolomeu, mas nome Natanael, contudo, conforme a tradição, trata-se da mesma personagem.

Filipe achou Natanael, e disse-lhe: Havemos achado aquele de quem Moisés escreveu na lei, e os profetas: Jesus de Nazaré, filho de José.

Disse-lhe Natanael: Pode vir alguma coisa boa de Nazaré? Disse-lhe Filipe: Vem, e vê.

Jesus viu Natanael vir ter com ele, e disse dele: Eis aqui um verdadeiro israelita, em quem não há dolo.

Disse-lhe Natanael: De onde me conheces tu? Jesus respondeu, e disse-lhe: Antes que Filipe te chamasse, te vi eu, estando tu debaixo da figueira.

Natanael respondeu, e disse-lhe: Rabi, tu és o Filho de Deus; tu és o Rei de Israel.

Jesus respondeu, e disse-lhe: Porque te disse: Vi-te debaixo da figueira, crês? Coisas maiores do que estas verás.

E disse-lhe: Na verdade, na verdade vos digo que daqui em diante vereis o céu aberto, e os anjos de Deus subindo e descendo sobre o Filho do homem. (Jo 1: 45-51)

Segundo o breviário romano, conforme antiga tradição armênia,

O apóstolo Bartolomeu, que era da Galiléia, foi para a Índia. Pregou àquele povo a verdade do Senhor Jesus segundo o Evangelho de São Mateus. Depois que naquela região converteu muitos a Cristo, sustentando não poucas fadigas e superando muitas dificuldades, passou para a Armênia Maior, onde levou a fé cristã ao rei Polímio, a sua esposa e a mais de 12 cidades. Essas conversões, no entanto, provocaram uma enorme inveja dos sacerdotes locais, que por meio do irmão do rei Polímio conseguiram a ordem de tirar a pele de Bartolomeu e depois decapitá-lo.

Santo patrono de diversas atividades ligadas à pele (curtume, confecção, comércio etc.), dentre outros elementos, certamente a ele é sincretizado Oxumaré pelo fato de sua pele ter sido retirada antes da decapitação. Por associação, o cruel episódio produz paralelismo com a troca de pele pela qual passam as cobras.

Tempo

Também conhecido como Loko, e mesmo Iroko, Tempo é um Orixá originário de Iwere, na parte leste de Oyó (Nigéria). Sua importância é fundamental na compreensão da vida. Geralmente é associado Iansã (e vice-versa), senhora dos ventos e das tempestades.

Segundo célebre provérbio, "O Tempo dá, o Tempo tira, o Tempo passa e a folha vira". O Tempo também é visto como o próprio céu, o espaço aberto.

Na Umbanda, onde seu culto é praticamente inexistente, é associado principalmente a Iansã.

Sincretismo

SÃO LOURENÇO: (10 de agosto) – Mártir do ano 258 morto queimado numa grelha. Segundo alguns autores, a associação entre Tempo e São Lourenço se dá pela semelhança entre a grelha e a escada utilizada para se colocar a bandeira de Tempo em terreiros Angola.

MPB

Tempo Rei
(Gilberto Gil)

Não me iludo
Tudo permanecerá do jeito
Que tem sido
Transcorrendo, transformando
Tempo e espaço navegando todos os sentidos

Pães de Açúcar, Corcovados
Fustigados pela chuva e pelo eterno vento
Água mole, pedra dura
Tanto bate que não restará nem pensamento

Tempo rei, ó tempo rei, ó tempo rei
Transformai as velhas formas do viver
Ensinai-me, ó Pai, o que eu ainda não não sei
Mãe Senhora do Perpétuo socorrei

Pensamento, mesmo fundamento singular
Do ser humano, de um momento para o outro
Poderá não mais fundar nem gregos nem baianos

Mães zelosas, pais corujas
Vejam como as águas de repente ficam sujas
Não se iludam, não me iludo
Tudo agora mesmo pode estar por um segundo

Tempo rei, ó tempo rei, ó tempo rei
Transformai as velhas formas do viver
Ensinai-me, ó Pai, o que eu ainda não sei
Mãe Senhora do Perpétuo socorrei

Oração ao Tempo

(Caetano Veloso)

És um senhor tão bonito
Quanto a cara do meu filho
Tempo tempo tempo tempo
Vou te fazer um pedido
Tempo tempo tempo tempo...

Compositor de destinos
Tambor de todos os ritmos
Tempo tempo tempo tempo
Entro num acordo contigo
Tempo tempo tempo tempo...

Por seres tão inventivo
E pareceres contínuo
Tempo tempo tempo tempo
És um dos deuses mais lindos
Tempo tempo tempo tempo...

Que sejas ainda mais vivo
No som do meu estribilho
Tempo tempo tempo tempo
Ouve bem o que te digo
Tempo tempo tempo tempo...

Peço-te o prazer legítimo
E o movimento preciso
Tempo tempo tempo tempo
Quando o tempo for propício
Tempo tempo tempo tempo...

De modo que o meu espírito
Ganhe um brilho definido
Tempo tempo tempo tempo
E eu espalhe benefícios
Tempo tempo tempo tempo...

O que usaremos pra isso
Fica guardado em sigilo
Tempo tempo tempo tempo
Apenas contigo e comigo
Tempo tempo tempo tempo...

E quando eu tiver saído
Para fora do teu círculo
Tempo tempo tempo tempo
Não serei nem terás sido
Tempo tempo tempo tempo...

Ainda assim acredito
Ser possível reunirmo-nos
Tempo tempo tempo tempo
Num outro nível de vínculo
Tempo tempo tempo tempo...

Portanto peço-te aquilo
E te ofereço elogios
Tempo tempo tempo tempo
Nas rimas do meu estilo
Tempo tempo tempo tempo...

Sem a compreensão de Tempo nada se faz. Aqui, nas duas canções, é possível associar uma série de elementos ao Orixá, sobretudo no que tange ao tempo enquanto passagem cronológico-pessoal da existência.

Xangô

Um dos Orixás mais populares no Brasil, provavelmente por ter sido a primeira divindade iorubana a chegar às terras brasileiras, juntamente com os escravos. Além disso, especialmente em Pernambuco e Alagoas, o culto aos Orixás recebe o nome genérico de Xangô, donde se deriva também a expressão Xangô de Caboclo para designar o chamado Candomblé de Caboclo.

Orixá da Justiça, o Xangô mítico-histórico teria sido um grande rei (alafin) de Oyó (Nigéria) após ter destronado seu irmão Dadá-Ajaká. Na teogonia iorubana, é filho de Oxalá e Iemanjá. Representa a decisão, a concretização, a vontade, a iniciativa e, sobretudo, a justiça (que não deve ser confundida com vingança). Xangô é o articulador político, presente na vida pública (lideranças, sindicatos, poder político, fóruns, delegacias etc.). Também Orixá que representa a vida, a sensualidade, a paixão, a virilidade. Seu machado bipene, o oxê, é símbolo da justiça (todo fato tem, ao menos, dois lados, duas versões, que devem ser pesadas, avaliadas).

Teve como esposas Obá, Oxum e Iansã.

Características

Animais: tartaruga, cágado, carneiro.

Bebida: cerveja preta.

Chacra: cardíaco.

Cores: marrom (branco e vermelho)

Comemoração: 24 de junho (São João Batista), 30 de setembro (São Jerônimo)

Comidas: agebô, amalá.

Contas: marrom leitosas.

Corpo humano e saúde: fígado e vesícula.

Dia da semana: quarta-feira.

Elemento: fogo.

Elementos incompatíveis: caranguejo e doenças.

Ervas: erva-de-são-joão, erva-de-santa-maria, beti-cheiroso, ne-ga-mina, alevante, cordão-de-frade, jarrinha, erva-de-bicho, erva-tostão, caruru, para-raio, umbaúba.

Essências: cravo (a flor).

Flores: cravos brancos e vermelhos.

Metal: estanho.

Ponto da natureza: pedreira.

Saudação: Kaô Cabecilê! ou Kaô Cabecile! (Venham saudar o Rei!)

Símbolos: machado.

Oxê: O machado duplo de Xangô (às vezes aparecem dois machados, contudo, geralmente bipenes, ou seja, com dos lados) representa a força, o poder do Orixá, bem como o equilíbrio, a justiça, a noção de que todo fato tem ao menos duas leituras opostas complementares. É possível, ainda, nas sociedades moderna e contemporânea, associá-lo à balança da Justiça, sendo cada ponta um prato, e o cabo, o fiel.

Representações africanas trazem o oxê sobre uma cabeça (de Xangô ou de seus filhos), evocando a responsabilidade da e pela justiça e rituais em que se carregam recipientes com brasa, em estado de incorporação, em respeito, reverência ao Orixá e como prova de fé no mesmo.

Edun-ará: Pedra de raio ou meteorito, geralmente guardada numa sacolinha chamada labá. Por vezes, a edun-ará é pedra esculpida há séculos, por mãos humanas, com diversas funções, como machadinhas. A pedra é um dos elementos de Xangô. Quando vinda do céu, seria enviada pelo Senhor dos Raios para fazer Justiça. Em África, acreditava-se que, se um meteorito caísse sobre algo ou alguém, seria o braço da Justiça Divina punindo ações equivocadas.

Leão: Símbolo de força e coragem, de realeza, de referência do continente africano, de força e potência, o leão é o animal que mais facilmente associa-se à imagem do Orixá Xangô, com o endosso do sincretismo feito com São Jerônimo, em cuja representação pictórica e iconográfica geralmente aparece um leão domesticado.

Símbolo solar (não à toa Xangô é também relacionado ao signo de Leão), representa poder, sabedoria e justiça, ressurreição/renascimento, mas também ego desvairado e tirania (aspecto sombra).

Livro: O livro também é elemento associado a Xangô, pois sendo Orixá da Justiça, a ele se atribuem os registros das boas e das equivocadas ações. Ademais, em alguns de seus pontos cantados, como se verá no capítulo 16, "livro" e "lírio", por vezes, se confundem. Em diversas associações sincréticas, o elemento livro aparece.

Pedras: jaspe, meteorito, pirita.

Planeta: Júpiter.

Há quem associe Xangô a Júpiter ou ao Sol. A associação ao Sol se dá por Xangô ser Orixá do Fogo, de personalidade, digamos, leonina, signo zodiacal regido pelo Sol. Entretanto, o Astro-Rei geralmente aparece ligado a Oxalá, o Pai e Rei dos Orixás.

Quanto a Júpiter, embora seja reconhecida a supremacia de Oxalá, muitas vezes Xangô é associado ao Zeus grego, senhor dos raios, que, por sua vez, também aparece no panteão romano com características semelhantes, porém com o nome de Júpiter, sendo "Iupiter" nada mais do que a contração de "Zeus Pater".

Sincretismo: Moisés, Santo Antônio, São Jerônimo, São João Batista, São José, São Pedro.

Mitologia dos Orixás

Xangô enfrentava inimigo terrível, seus homens haviam sido capturados, o quadro era assustador. Subiu, então, até o alto de uma pedreira e pediu conselho e ajuda a Orumilá. Com seu oxê (machado duplo), começou a bater nas pedras, que soltavam faíscas que, no ar, formavam línguas de fogo que consumiam seus inimigos.

O vencedor da guerra foi Xangô, e os líderes inimigos que haviam mandado massacrar os soldados de Xangô foram mortos com um raio que ele havia mandado no ápice da fúria e do descontentamento. Contudo, os soldados das tropas inimigas foram poupados.

Com esse gesto, Xangô passou a ser admirado e consultado como o Senhor da Justiça para resolver e administrar pendências, conflitos, discordâncias.

Os diversos relatos mitológicos sobre Xangô apresentam a Justiça como aprendizado constante que muito contribuiu para o amadurecimento da personalidade do alafim de Oyó.

Um homem havia aprendido de Olorum e Exu os segredos do bem e do mal, podendo decidir como agir. Tornou-se, assim, muito poderoso.

Por esse motivo, os Orixás governantes do mundo, Obatalá, Xangô e Ifá decidiram que esse homem deveria preparar uma grande festa, com um senão: a comida não deveria ser nem crua nem fria, pois os Orixás andavam enjoados. Deveria ser quente e cozida.

Os humanos ainda não sabiam fazer fogo ou cozinhar. Assim, o homem foi à encruzilhada e pediu ajuda a Exu. Aguardou três dias e três noites sem resposta até ouvir sons característicos de estalos: parecendo rir do homem, as árvores esfregavam seus galhos umas nas outras.

Não gostando disso, o homem pediu ajuda a Xangô, que enviou raios sobre as árvores. Galhos incendiados caíram no chão, onde queimaram até ficarem apenas brasas.

Então, o homem pegou algumas brasas, cobrindo-as com galhos e, por cima, adicionando terra. Tempos depois, descobriu tudo e viu lascas pretas, ou seja, carvão, que foram acesas com a brasa restante. O homem soprou até o fogo crescer e, assim, pode cozinhar para os Orixás, para si e para os demais.

Todos ficaram satisfeitos.

O elemento do Orixá Xangô, por excelência, é o fogo, sua força criadora, transformadora e vital.

A manipulação do fogo foi de suma importância para que os seres humanos aprendessem a conviver com as sombras (haja vista o mito da caverna, segundo Platão), a se proteger de ataques, a aperfeiçoar técnicas de alimentação (vide o célebre estudo de Claude Lévi-Strauss intitulado *O cru e o cozido*) etc., de modo a garantir a sobrevivência da espécie. O fogo também é o elemento transformador da alquimia e símbolo da transcendência da energia do físico para o espiritual. Nas sociedades tribais (e em rodas de amigos que revivem esse ritual em luaus, acampamentos e outros), o fogo agrega, aproxima, aquece por meio da fogueira, sempre ao centro.

Compreende-se, portanto, o porquê de Xangô ser Orixá da vida pulsante, da energia que precisa ser disciplinada para não ser destrutiva e, no lugar de vivificadora, tornar-se letal. É preciso saber lidar com o fogo: como reza célebre provérbio popular, "Quem brinca com fogo pode se queimar".

Na tradição iorubá, Xangô, menino atrevido, cai nas brasas e brinca com ela, não se queima. Também Xangô é aquele que ensina os homens a cozinhar. Adulto, é também aquele que incendeia sua cidade acidentalmente, por não ter ainda aprendido a manipular seu elemento com sabedoria e discernimento, pendendo, assim, para a auto-sabotagem, a autodestruição. Contudo, a experiência não foi em vão: segundo os relatos mitológicos, a Oyó destruída acidentalmente por Xangô foi, como fênix renascida das cinzas, reconstruída.

Xangô, filho de Aganju, foi abandonado pela mãe e adotado por Iemanjá.

Xangô casou-se com Obá, muito devotada aos serviços domésticos, que perdeu os encantos.

Casou-se com Iansã, sua aliada contra Ogum.

Depois se encantou por Oxum, que vivia com Orumilá: deitaram-se, casaram e viveram um amor único.

Contudo, um dia Xangô se apaixonou por Iemanjá e lhe declarou seu amor.

Iemanjá o esbofeteou e o mandou embora, sem dinheiro.

Tentou novamente, e ela novamente o repudiou.

Com a ajuda dos gêmeos que tivera com Oxum, os Ibejis, Xangô preparou um feitiço e Iemanjá o recebeu de volta, em sua casa.

Xangô, então, possuiu Iemanjá.

Tempestuoso e viril, o incesto, neste relato, é consumado, por meio de artimanhas a que Xangô recorre, valendo-se da magia de seus próprios filhos (os gêmeos aqui podem representar a duplicação do poder mágico). O incesto, bem como cada parceira, pode, ainda, representar a busca pela mãe biológica que havia abandonado Xangô, numa romaria rumo à integração masculino-feminino por parte da personagem principal do relato.

Pontos cantados/MPB dos Orixás

Pedra rolou, Pai Xangô, lá na pedreira
Afirma ponto, meu Pai, na cachoeira

Tenho meu corpo fechado
Xangô é meu protetor

Segura pemba, meu filho,
Pai de cabeça chegou

Xangô aparece em seu ponto de força (pedras/cachoeira com pedras). Protetor, o ponto cantado sugere que o filho risque o ponto de Xangô (pai) com pemba, espécie de giz comum em rituais em religiões de matriz africana, o qual, por sua origem (calcário), embora associado de modo geral aos Orixás, Guias e Entidades, não deixa de ligar-se diretamente a Xangô.

Muito mais do que meio de identificação de Orixás, Guias e Entidades, os pontos riscados constituem fundamento de Umbanda, sendo instrumentos de trabalhos magísticos, riscados com pemba (giz), bordados em tecidos etc. Funcionam como chaves, meios de comunicação entre os planos, proteção, tendo, ainda, diversas outras funções, tanto no plano dos encarnados quanto no da Espiritualidade.

Estava olhando a pedreira
Uma pedra rolou

Ela veio rolando
Bateu em meus pés
E se fez uma flor

Quem foi que disse
Que eu não sou filho de Xangô?

Ele mostra a verdade
Se atira uma pedra
Ela vira uma flor

Toda verdade de justiça e proteção
Filho de Pai Xangô ninguém joga no chão

Quantos lírios já plantei no meu jardim
Cada pedra atirada é um lírio pra mim

Ponto cantado em que Xangô aparece a ensinar que as pedras (seu elemento), geralmente associadas às dificuldades, pela força do Orixá, transformam-se em lírio (flor que evoca Xangô). As lições trazidas pelas dificuldades fortalecem e são belas. Xangô, Orixá que mostra a verdade (já em África aparece em oposição à mentira), não permite que seus filhos (leia-se "todos os filhos") caiam no chão indevidamente e/ou aí fiquem sem se levantar mais experientes e sábios.

Lá em cima daquela pedreira
Tem um lírio de meu Pai Xangô
Kaô, Kaô
Kaô Cabecile, meu Pai!

Há versões deste ponto em que, em vez de "lírio", aparece "livro". Grande é a importância do livro como elemento simbólico de Xangô, o qual aparece em diversas das relações sincréticas do Orixá para com santos católicos e Moisés.

Sincretismo

SÃO JERÔNIMO: Nascido em Estridão, na Dalmácia, em aproximadamente 345 d.C., faleceu em Belém em 419 d.C. Tradutor, foi responsável pela tradução da Bíblia para o latim (Vulgata). Erudito, estudioso, doutor da Igreja, foi também secretário do Papa Dâmaso. Após a morte do pontífice, sofrendo críticas e calúnias, retirou-se para Belém. Geralmente é representado como um ancião de barbas e cabelos brancos, com um leão (um dos animais símbolos de Xangô) e um livro (Bíblia). Trata-se certamente da forma mais popular de sincretismo do Orixá Xangô na Umbanda por meio de representação de imagens em seus altares, embora nos pontos cantados predomine a figura de São João Batista. Reza a lenda que, com senso de justiça, São Jerônimo defendeu um leão da acusação, sem provas e apressada por observações sobre a aparência dos fatos, de haver matado e comido um seu amigo jumento, o que depois se verificou não ser verdade. Sua festa é celebrada no dia 30 de setembro, Dia da Bíblia para a Igreja Católica. Sincretizado principalmente com Xangô Agodô.

SÃO JOÃO BATISTA: Nascido na Judeia, por volta do ano 02 a.C., foi morto aproximadamente em 27 d.C. Primo de Jesus, foi o precursor de sua mensagem e acabou por batizar o próprio Jesus, de quem se declarava indigno de desatar as sandálias. Célebre por dizer o que pensava, não temia acusar Herodes Antipas por haver se casado com a viúva de seu irmão, o que não era permitido por lei. Contudo, segundo consta, Herodes tolerava João Batista e lhe admirava o verbo. A astúcia de Herodíade, a esposa, colocou Salomé, filha de seu casamento anterior para dançar para o rei, e este lhe prometeu o que desejasse, mesmo se a metade de seu reino, ao que a enteada, por influência da mãe, solicitou a cabeça de João Batista numa bandeja, tendo o rei de cumprir sua promessa. Sua festa é celebrada em 24 de junho, com as célebres fogueiras, em especial na noite/madrugada do dia 23 para o dia 24.

SÃO PEDRO: Discípulo de João Batista e Apóstolo de Jesus Cristo, nasceu em Betsaida e morreu em Roma em 64 d. C., no reinado de Nero, crucificado de cabeça para baixo pelo fato de se sentir indigno de morrer como o Mestre. Seu nome foi dado por Jesus e significa "pedra", "rocha" ("Cefas", em aramaico), sobre a qual se edificou a comunidade cristã (para a Igreja Católica, Pedro foi o primeiro Papa). Fazendo parte do círculo íntimo de Jesus, Pedro foi o Apóstolo que prometeu segui-lo, porém o negou três vezes, por medo; impetuoso, cortou a orelha de um empregado do Sumo Sacerdote que acompanhava o grupo que havia ido prender Jesus, tendo o ferimento sido curado por Mestre. Distingue-se de João, o chamado "Discípulo Amado", que em tudo seria exemplar, e de Judas, que trairia o Mestre, sendo, assim, um dos Apóstolos cujo arquétipo mais se aproxima das oscilações da alma humana e bem representa o caminho das pedras até o amadurecimento, por meio de erros e acertos. Não à toa, arquetipicamente, Xangô Airá é associado a São Pedro, conforme visto no capítulo 15. Em diversas imagens, além das chaves que ligam céu e terra, traz também um livro, elemento relacionado a diversas representações sincréticas de Xangô. Festa: 29 de junho.

MOISÉS: Não se trata propriamente de santo católico, mas de legislador, líder religioso e profeta do Antigo Testamento, responsável pela libertação do povo hebreu da escravidão no Egito. A Moisés se associam as Tábuas da Lei, com os Dez Mandamentos, que, segundo a tradição, teria recebido do próprio Deus. Por sua liderança, pela sabedoria e experiência (a representação mais conhecida de Moisés é a de um patriarca em idade madura, com barbas e cabelos brancos), pelo texto da Lei impresso em pedra e recebido no Monte Sinai, com ele é sincretizado Xangô.

SÃO JOSÉ: Esposo de Nossa Senhora e pai (segundo a tradição católica, putativo) de Jesus, é representado como homem maduro e grisalho, com barba. Trata-se de patriarca que traz ao colo o filho amado, ainda criança, e segura na mão um lírio branco, flor de Xangô (também flor de Oxalá; de Xangô é também o cravo branco ou vermelho), o que favorece o sincretismo. Sua festa é celebrada em 19 de março.

SÃO JUDAS TADEU: Apóstolo de Jesus, viveu no século I, irmão de São Tiago Menor. Conhecido como "Tadeu", isto é, "aquele que tem peito largo". Pregou na Galileia, na Judeia, na Síria e na Mesopotâmia. Em muitas de suas representações, aparece como um homem maduro de barba e com um instrumento que lembra muito um machado ou uma foice e com um livro (Evangelho) na mão. É invocado para casos impossíveis ou de desespero. Sua festa é celebrada em 28 de outubro.

Observe-se, não apenas no caso de Xangô Airá (sincretizado com São Pedro), a estreita ligação entre cada santo católico e Jesus Cristo (sincretizado com Oxalá), bem como entre Moisés e Deus Pai (também sincretizado com Oxalá).

O Autor

Pai Dermes de Xangô (Ademir Barbosa Júnior – Dermes) é terapeuta holístico, escritor, pesquisador e sacerdote umbandista, um dos dirigentes da Tenda de Umbanda Iansã Matamba e Caboclo Jiboia, que tem à frente sua esposa, a escritora e blogueira Mãe Karol Souza Barbosa.

Contatos:
E-mail: ademirbarbosajunior@yahoo.com.br
WhatsApp: 47-99785-5349

Outras publicações

Compre este título escaneando o QR code abaixo

UMBANDA – UM CAMINHO PARA A ESPIRITUALIDADE

Ademir Barbosa Júnior (Dermes)

Este livro traz algumas reflexões sobre a Espiritualidade das Religiões de Matriz Africana, notadamente da Umbanda e do Candomblé. São pequenos artigos disponibilizados em sítios na internet, notas de palestras e bate-papos, trechos de alguns de meus livros.

Como o tema é amplo e toca a alma humana, independentemente de segmento religioso, acrescentei dois textos que não se referem especificamente às Religiões de Matriz Africana, porém complementam os demais: "Materialização: fenômeno do algodão" e "Espiritualidade e ego sutil".

Espero que, ao ler o livro, o leitor se sinta tão à vontade como se pisasse num terreiro acolhedor.

Formato: 16 x 23 cm – 144 páginas

Compre este título escaneando o QR code abaixo

MITOLOGIA DOS ORIXÁS – LIÇÕES E APRENDIZADOS

Ademir Barbosa Júnior (Dermes)

O objetivo principal deste livro não é o estudo sociológico da mitologia iorubá, mas a apresentação da rica mitologia dos Orixás, que, aliás, possui inúmeras e variadas versões.

Não se trata também de um estudo do Candomblé ou da Umbanda, embora, evidentemente, reverbere valores dessas religiões, ditas de matriz africana.

Foram escolhidos alguns dos Orixás mais conhecidos no Brasil, mesmo que nem todos sejam direta e explicitamente cultuados, além de entidades como Olorum (Deus Supremo iorubá) e as Iya Mi Oxorongá (Mães Ancestrais), que aparecem em alguns relatos.

Formato: 16 x 23 cm – 144 páginas

Compre este título
escaneando o
QR code abaixo

Compre este título
escaneando o
QR code abaixo

TARÔ DE MARSELHA – MANUAL PRÁTICO

Ademir Barbosa Júnior (Dermes)

O Tarô consiste num oráculo, num instrumento de autoconhecimento, de observação e apreensão da realidade, consultado por meio de cartas.

Como as cartas (ou lâminas, numa terminologia mais técnica), nas mais diversas representações no tempo e no espaço, tratam de arquétipos universais – e o objetivo deste livro não é estabelecer a história do Tarô, o que diversos bons autores já fizeram –, todas as atenções se concentrarão no tipo de baralho estudado: o Tarô de Marselha.

Acompanha um baralho com 22 cartas coloridas, dos Arcanos Maiores.

Formato: 14 x 21 cm – 160 páginas

TARÔ DOS ORIXÁS

Ademir Barbosa Júnior (Dermes)

O Tarô dos Orixás é um oráculo baseado na riquíssima espiritualidade de Orixás, Guias, Guardiões e da Ancestralidade Individualizada (Babá Egun). Idealizado pelo autor, apresenta a sabedoria, os ensinamentos e as lições para cada setor da vida (saúde, amor, finanças etc.) em leituras breves ou mais aprofundadas.

Sempre respeitando o livre-arbítrio, o Tarô dos Orixás é um instrumento seguro de autoconhecimento ou de atendimento e orientação a indivíduos e/ou grupos em busca de experiências centradas e equilibradas, nas quais as luzes e sombras de cada um e do conjunto sejam reconhecidas, respeitadas e integradas.

Com 22 cartas ricamente ilustradas por Miro Souza, o Tarô dos Orixás, mais que um oráculo, é uma fonte de movimentação de Axé para todos os que dele se utilizam.

Formato: 14 x 21 cm – 160 páginas

Outras publicações

Compre este título escaneando o QR code abaixo

FALA ZÉ PELINTRA – PALAVRAS DE DOUTOR

Ademir Barbosa Júnior (Dermes) – Ditado pelo Sr. Zé Pelintra

A vida precisa ser trilhada com sabedoria. Malandragem é saber dançar conforme as possibilidades e sem perder o passo, é jogar capoeira e aprender a cair para não cair, é não perder tempo com besteira, com supérfluo, com suposições e aproveitar cada instante, fazendo comungar o corpo e o espírito. Isso é Malandragem.

Malandro não tira nada de ninguém, mas está por perto quando a fruta mais doce cai, quando a flor mais linda brota, quando o vento melhor passa, quando a chuva mais refrescante desce do céu. Malandragem é estar no aqui e agora, sem se deixar escravizar.

Formato: 14 x 21 cm – 160 páginas

Compre este título escaneando o QR code abaixo

MENSAGENS DOS GUIAS DE UMBANDA

Ademir Barbosa Júnior (Dermes)

A Espiritualidade tem outro tempo e fala sempre que necessário. Por meio de recados, intuições, ditados, psicografia: os métodos são múltiplos. Contudo foi-me solicitado um livro pelo Boiadeiro Sr. João do Laço. Algum tempo depois, pelo Sr. Exu Veludo. O mais prático e de acordo com a possibilidade de tempo foi fazer um livro único com mensagens de vários Guias e o resultado está aqui, o livro *Mensagens dos Guias de Umbanda*.

Saravá Umbanda! Abraço, gratidão e Axé!

Formato: 14 x 21 cm – 128 páginas

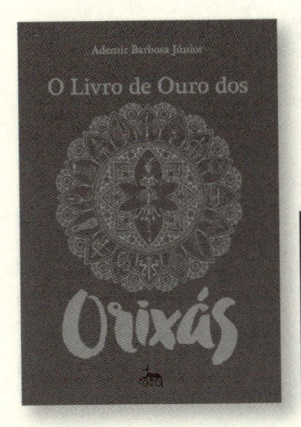

O LIVRO DE OURO DOS ORIXÁS

Ademir Barbosa Júnior (Dermes)

A Umbanda cultua e trabalha com Orixás. Não são "caboclos ou falangeiros" de Orixás, mas os próprios, que se manifestam de vários modos, inclusive mediunicamente por meio da incorporação. Nunca encarnaram e pertencem a um grau de adaptação aos encarnados e aos indivíduos em que incorporam, evidentemente tendo ainda de baixar seu alto padrão vibratório para tal. Ora, quando alguém migra do Candomblé para a Umbanda ou vice-versa, por exemplo, o Orixá que o assiste e/ou incorpora muda? Não e por várias razões.

Neste livro, o leitor encontrará todas as características de cada Orixá, como sua cor, sua comida, seus elementos e tudo mais que o representa, de uma forma simples e clara.

Formato: 16 x 23 cm – 192 páginas

TEOLOGIA DE UMBANDA E SUAS DIMENSÕES

Ademir Barbosa Júnior (Dermes)

Em linhas gerais, etimologicamente, Umbanda é vocábulo que decorre do Umbundo e do Quimbundo, línguas africanas, com o significado de "arte de curandeiro", "ciência médica", "medicina". O termo passou a designar, genericamente, o sistema religioso que, dentre outros aspectos, assimilou elementos religiosos afro-brasileiros ao espiritismo urbano (kardecismo).

Quanto ao sentido espiritual e esotérico, Umbanda significa "luz divina" ou "conjunto das leis divinas". A magia branca praticada pela Umbanda remontaria, assim, a outras eras do planeta, sendo denominada pela palavra sagrada Aumpiram, transformada em Aumpram e, finalmente, Umbanda.

Formato: 16 x 23 cm – 256 páginas

Outras publicações

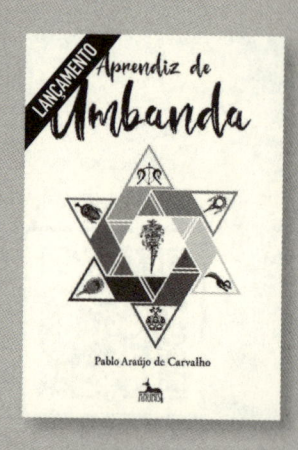

Compre este título escaneando o QR code abaixo

Compre este título escaneando o QR code abaixo

APRENDIZ DE UMBANDA

Pablo Araújo de Carvalho

"Aprendiz de Umbanda" é um livro construído num enredo filosófico e científico, narrando ali conhecimentos adquiridos pelos seus mestres encarnados e espirituais traduzindo em forma de palavras alguns conhecimentos que só o tempo através do espaço foi capaz de amadurecer. É um livro construído através de uma ótica e didática professoral, pegando o leitor pelas mãos e introduzindo-o de forma filosófica e reflexiva no mundo encantado da Umbanda e aproximando a Umbanda na vida prática do leitor.

Esperamos que tenham uma boa e reflexiva leitura.

Formato: 16 x 23 cm – 256 páginas

RITUAIS DE UMBANDA

Evandro Mendonça

Este livro é uma junção de antigos rituais, bem simples e fáceis de fazer, e que só vem a somar àqueles médiuns ou terreiros iniciantes.

Mas, poucos sabem que esses rituais foram, são e sempre serão, regidos por uma lei que sempre se chamou, que a chamamos e sempre chamaremos Umbanda com amor e respeito.

Portanto, dentro da religião de Umbanda, ter conhecimento dessas leis, forças, rituais e etc., significa poder.

Formato: 16 x 23 cm – 192 páginas

RITUAIS DE QUIMBANDA – LINHA DE ESQUERDA

Evandro Mendonça

Essa obra é mais um trabalho dedicado aos que querem e buscam um pouco mais de conhecimento sobre como trabalhar com os exus e pombas-gira.

São rituais simples, mas muito eficazes, que podem ajudar muito o dia a dia de um médium e de um terreiro de Umbanda.

Espero que façam um bom uso desses rituais, e nunca esqueçam a lei do livre arbítrio, ação e reação e do merecimento de cada um. Somos livres para plantarmos o que quisermos, mas somos escravos para colhermos o que plantamos.

Formato: 16 x 23 cm – 224 páginas

FEITIÇOS DE QUIMBANDA

Evandro Mendonça

A obra é simples, mas foi feita com o coração e sempre com o intuito de ajudar e dividir com meus irmãos o aprendizado do dia a dia.

Os feitiços nela expostos são aparentemente simples, mas de bastante eficácia em seus resultados.

Para isso basta fazê-los com fé, confiança e pensamento positivo naquilo que você deseja.

Porém, muito cuidado com o que você vai pedir, pois poderá ser atendido, e não se esqueça nunca de que toda a ação produz uma reação e tudo que se planta se colhe, assim é a lei da natureza, e você tem o livre-arbítrio de escolher para si tudo que quiser e desejar, mas procure fazer sempre dentro da razão para que não crie laços eternos que possam prejudica-lo.

Formato: 16 x 23 cm – 192 páginas

Distribuição exclusiva

AQUAROLIBOOKS®